Solomon Schechter Day Schools
מתו"ק
Bible Curriculum
מתו"ק - מֵיזָם תנכ"י קונסרבטיבי

T0265228

CET Learning Environments

פָּרָשַׁת בְּרֵאשִׁית

חוֹבֶרֶת לְמִידָה

הַשֵּׁם שֶׁלִּי: ______________________

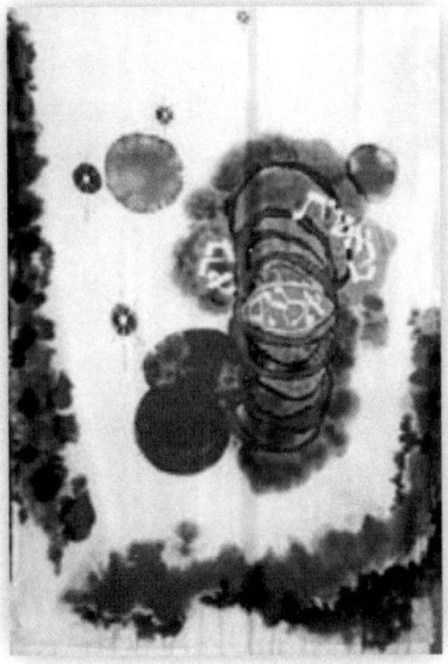

MaToK: The Bible Curriculum Project of the Solomon Schechter Day Schools
A joint project of
The United Synagogue of Conservative Judaism and
The Jewish Theological Seminary of America
MaToK is made possible by a generous grant from the
Jim Joseph Foundation

Project Directors:
Dr. Robert Abramson, Director
Department of Education, United Synagogue of Conservative Judaism

Dr. Steven M. Brown, Director
Melton Research Center for Jewish Education
The Jewish Theological Seminary of America

Dr. Deborah Uchill Miller, Project Director and Editor

All correspondence and inquiries should be directed to the Department
of Education, United Synagogue of Conservative Judaism,
155 Fifth Ave., NY, NY 10010

Edited and Produced by CET-LE Team:

Project Director and Pedagogical Editor: Zohar Harkov
Linguistic Editor: Shoshi Miran

Graphic Designer: Yael Rimon
Photo Research and Copyright Permissions: Dvora Gruda
Computers and DTP Assistance: Roni Meiron

Production: Bilha Shamir
Publishing Coordinator: Gadi Nachmias

CET-LE Learning Environments, for the home (2002) Ltd, 16 Klausner St.
P.O.B. 39513, Tel-Aviv 61394, Israel
Tel. 972-3-6460165, http://www.cet.ac.il

On the inner cover: Ark cover by Rahel Hammer © Rahel Hammer

Distributed by Rowman & Littlefield

ISBN: 978-0-8381-9975-6

We gratefully acknowledge the guidance of The MaToK Deliberation Team:

Charlotte Abramson, Solomon Schechter Day School of Essex and Union
Dr. Bonnie Botel-Sheppard, Penn-Literacy Network
Rabbi Neil Gillman, Jewish Theological Seminary of America
Charlotte Glass, Solomon Schechter Day Schools of Chicago
Dr. Tikva Frymer-Kensky, University of Chicago
Dr. Kathryn Hirsh-Pasek, Temple University
Dr. Steven Lorch, Solomon Schechter Day School of Manhattan
Dr. Ora Horn Prouser, Academy for Jewish Religion, New York
Rabbi Benjamin Scolnic, Temple Beth Sholom, Hamden, CT

Curriculum Writers:

Head Writer: Marcia Lapidus Kaunfer

Charlotte Abramson
Gila Azrad
Rabbi Greta Brown
Mimi Brandwein
Heather Fiedler
Rebecca Friedman
Orly Gonen
Rabbi Pamela Gottfried
Penina Grossberg
Sally Hendelman
Rabbi Brad Horwitz
Rabbi Elana Kanter
Naamit Kurshan
Dr. Deborah Uchill Miller
Ellen Rank
Ami Sabari
Rabbi Jon Spira-Savett
Miriam Taub
Laura Wiseman

Illustrations: Marcia Lapidus Kaunfer

Artwork: Experimental edition
Arielle Miller-Timen, Karen Ostrove

Translation:
Michele Alperin, Mira Bashan, Ruthie Bashan, Dahlia Helfgott-Hai, Hannah Livneh, Micki Targum

We wish to thank the following for permission to reprint:
Davkawriter: Images of Israel: © 2001
Persky Elias, Haver LaTorah, New York: KTAV Publishing, 1964.
Weintraub Simkha, Five Easy Steps to "Cracking" Almost any Rashi.

תֹּכֶן הָעִנְיָנִים

פָּרָשַׁת בְּרֵאשִׁית

פָּרָשַׁת בְּרֵאשִׁית

בְּרֵאשִׁית[1] בָּרָא[2] אֱ-לֹהִים,

אֵת הַשָּׁמַיִם וְאֵת הָאָרֶץ. פֶּרֶק א' פָּסוּק א'

אֲשֶׁר-בָּרָא אֱ-לֹהִים לַעֲשׂוֹת. פֶּרֶק ב' פָּסוּק ג'

1 **בְּרֵאשִׁית:** בַּהַתְחָלָה שֶׁל...

2 **בָּרָא:** עָשָׂה.

בְּבַקָּשָׁה:

1 מָה הֵן הַמִּלִּים הַחוֹזְרוֹת? **סַמְּנוּ** בְּמִסְגֶּרֶת בְּעַמּוּד 6 בְּצֶבַע יָרֹק.

2 הַמִּלִּים מִן הַשֹּׁרֶשׁ **ב-ר-א** הֵן כְּמוֹ מִסְגֶּרֶת לַסִּפּוּר. **הַשְׁלִימוּ:**

בַּהַתְחָלָה כָּתוּב: "__________ אֱ-לֹהִים."

בַּסּוֹף כָּתוּב: אֲשֶׁר __________ אֱ-לֹהִים לַעֲשׂוֹת."

3 הַדְּמוּת בַּסִּפּוּר הִיא __________.

4 מָה יִהְיֶה בַּתְּמוּנָה? **צַיְּרוּ** בְּתוֹךְ הַתְּמוּנָה בְּעַמּוּד 6 אוֹ כִּתְבוּ.

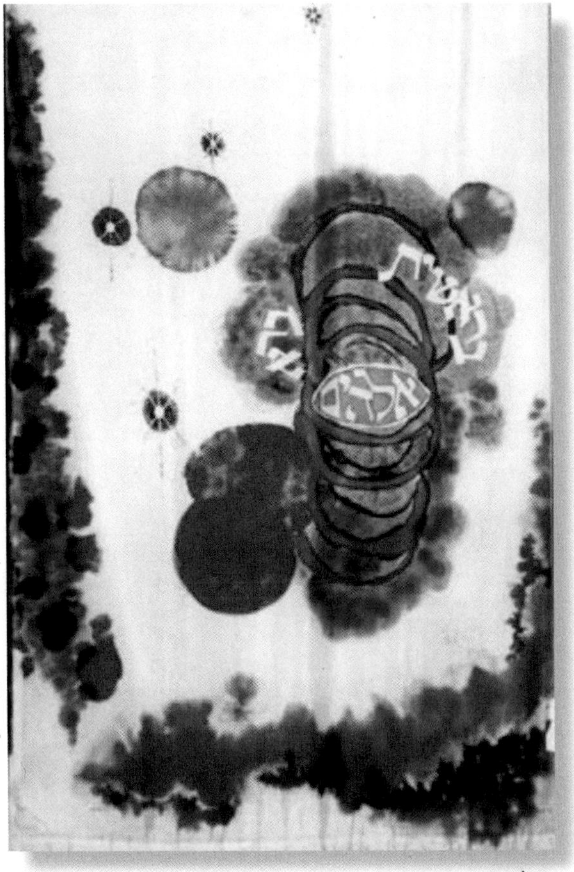

Ark Cover by Rahel Hammer © Rahel Hammer

פָּרֹכֶת.

פֶּרֶק א'

מִתֹּהוּ וָבֹהוּ לְסֵדֶר

פֶּרֶק א' פְּסוּקִים א'–ב'

א' בְּרֵאשִׁית בָּרָא אֱ-לֹהִים,
אֵת הַשָּׁמַיִם וְאֵת הָאָרֶץ.

[1] **תֹהוּ וָבֹהוּ:** אִי סֵדֶר, בָּלָגָן.

ב' וְהָאָרֶץ הָיְתָה תֹהוּ וָבֹהוּ...[1]
וְרוּחַ אֱ-לֹהִים מְרַחֶפֶת עַל פְּנֵי הַמָּיִם.

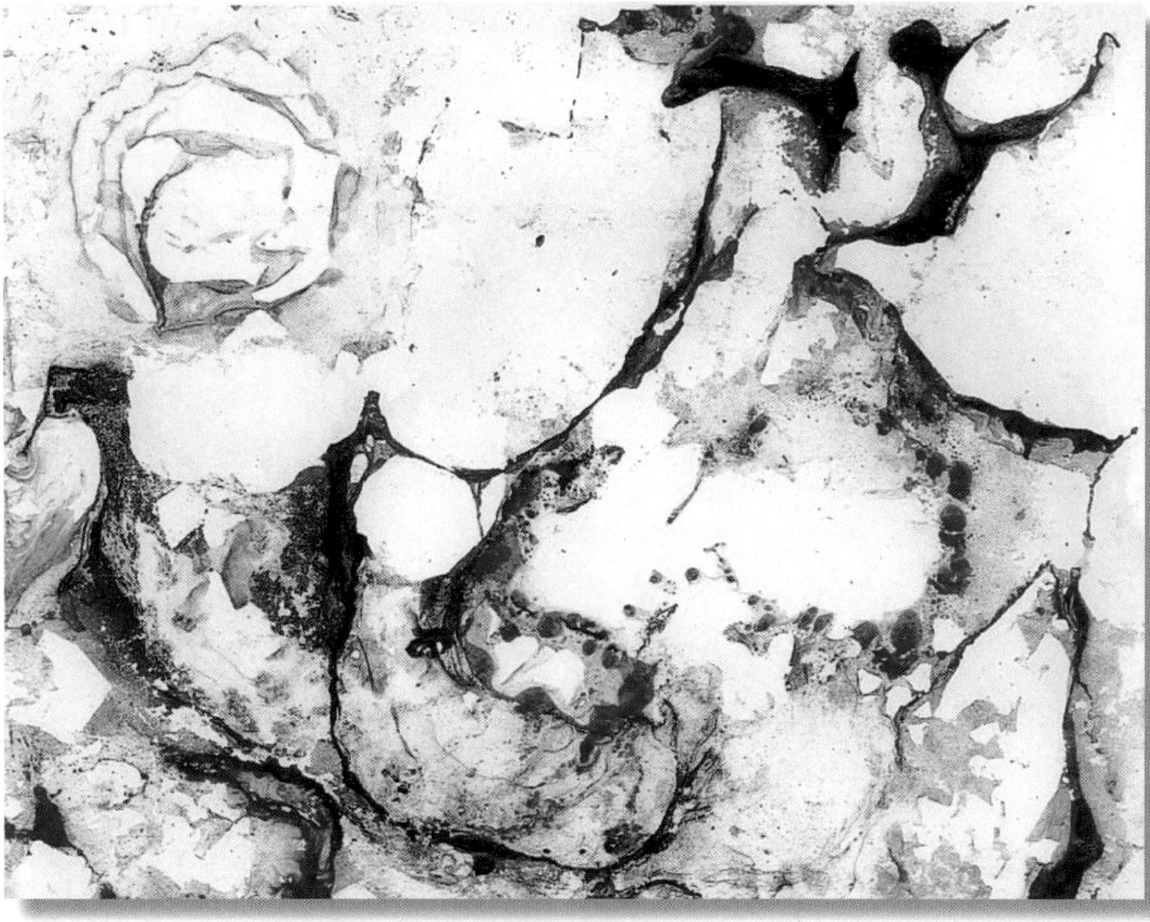

"תֹהוּ וָבֹהוּ"

בְּבַקָּשָׁה:

1 מָה בָּרָא אֱ-לֹהִים בַּהַתְחָלָה? (פָּסוּק א')

סַמְּנוּ בְּעַמּוּד 8 בְּצֶבַע וָרֹד אֶת הַמִּלָּה **"הָאָרֶץ"**.

סַמְּנוּ בְּעַמּוּד 8 בְּצֶבַע כָּחֹל אֶת הַמִּלָּה **"הַשָּׁמַיִם"**.

2 **כִּתְבוּ** בִּלְשׁוֹן הַתּוֹרָה:

לִפְנֵי שֶׁאֱ-לֹהִים בָּרָא אֶת הָעוֹלָם,

הָאָרֶץ הָיְתָה "__________ __________."

3 **כִּתְבוּ** אֶת הָאוֹתִיּוֹת **ר ס ד** בַּסֵּדֶר הַנָּכוֹן.

הַמִּלָּה הִיא: ____ ____ ____

3א. לִפְנֵי שֶׁאֱ-לֹהִים בָּרָא אֶת הָעוֹלָם, בָּעוֹלָם **לֹא הָיָה** __________ .

3ב. הַהֵפֶךְ מִ"תֹהוּ וָבֹהוּ" הוּא __________ .

תֹהוּ וָבֹהוּ

4 רְאוּ עַמּוּד 11.

5 **גִּזְרוּ** לְפִי הַקַּוִּים.

(tear)

6 **קִרְעוּ** כָּל מַלְבֵּן לְ–4 חֲלָקִים.

7 **הַדְבִּיקוּ** בְּעַמּוּד 10 לְלֹא סֵדֶר.

8 רְאוּ עַמּוּד 15.

9 **גִּזְרוּ** אֶת הַמַּלְבְּנִים לְפִי הַקַּוִּים.

(tear)

10 **קִרְעוּ** כָּל מַלְבֵּן לְ–4 חֲלָקִים.

11 **הַדְבִּיקוּ** בְּעַמּוּד 13 לְפִי הַסֵּדֶר שֶׁלָּכֶם.

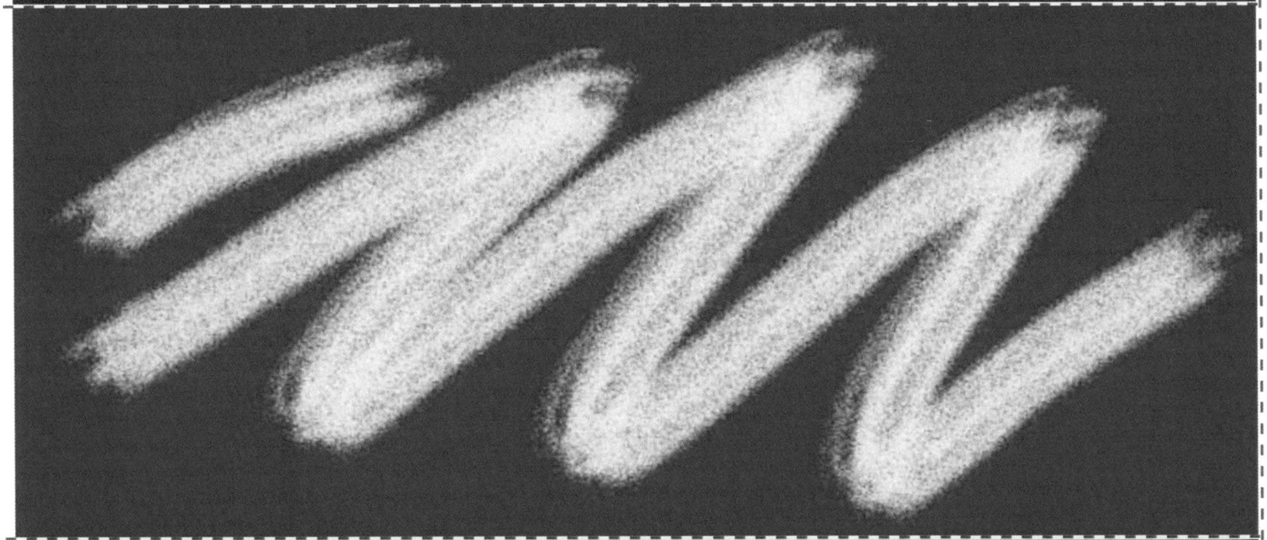

מָה בָּרָא אֱ-לֹהִים בַּיּוֹם הָרִאשׁוֹן?

פְּסוּקִים ג׳–ה׳

ג׳ וַיֹּאמֶר[1] אֱ-לֹהִים: "יְהִי אוֹר,"
וַיְהִי[2]–אוֹר.

ד׳ וַיַּרְא[3] אֱ-לֹהִים אֶת-הָאוֹר כִּי-טוֹב,
וַיַּבְדֵּל[4] אֱ-לֹהִים בֵּין הָאוֹר וּבֵין הַחֹשֶׁךְ.

ה׳ וַיִּקְרָא[5] אֱ-לֹהִים לָאוֹר "יוֹם",
וְלַחֹשֶׁךְ קָרָא "לָיְלָה",
וַיְהִי-עֶרֶב וַיְהִי-בֹקֶר יוֹם אֶחָד.

1 **וַיֹּאמֶר** (א-מ-ר): אָמַר.
2 **וַיְהִי**: וְהָיָה
3 **וַיַּרְא** (ר-א-ה): הוּא רָאָה.
4 **וַיַּבְדֵּל**: הוּא הִבְדִּיל. separated
5 **וַיִּקְרָא** (ק-ר-א): הוּא קָרָא.

"וַיְהִי אוֹר"

בְּבַקָּשָׁה:

1 **סַמְּנוּ** בְּעַמּוּד 17 בְּצֶבַע צָהֹב אֶת הַמִּלָּה "**אוֹר**".

2 **הַקִּיפוּ** בְּמַעְגָּל אֶת הַמִּלָּה "**חֹשֶׁךְ**".

3 **הַשְׁלִימוּ:**

3א. **אֱ-לֹהִים** רָאָה אֶת הָאוֹר "__________ __________".

3ב. **אֱ-לֹהִים** הִבְדִּיל בֵּין __________ וּבֵין הַ__________.

3ג. **אֱ-לֹהִים** קָרָא לָאוֹר: __________.

אֱ-לֹהִים קָרָא לַחֹשֶׁךְ: __________.

4 בַּיּוֹם הָרִאשׁוֹן בָּרָא אֱ-לֹהִים אֶת הַ__________ וְאֶת הַ__________.

צִבְעוּ אֶת הַצִּיּוּר.

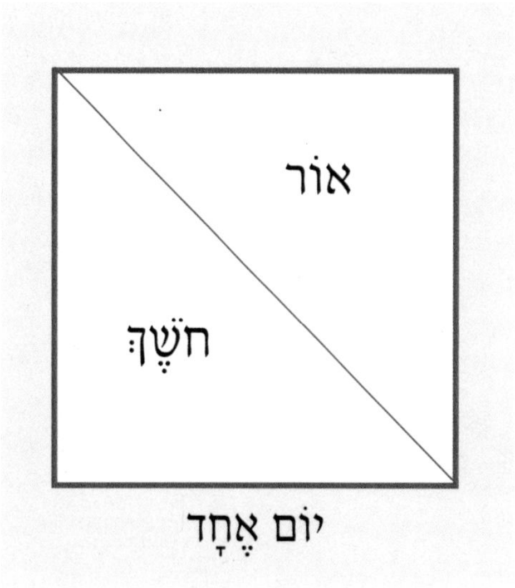

5 **הַקִּיפוּ** בְּעַמּוּד 17 בְּ ☐ אֶת וַי. (for example) לְדוּגְמָה: "**וַיֹּאמֶר**".

6 **הַשְׁלִימוּ:**

בִּלְשׁוֹן הַתּוֹרָה	בִּלְשׁוֹנֵנוּ
וַיֹּאמֶר	הוּא אָמַר
	הוּא רָאָה
	הוּא הִבְדִּיל
	הוּא קָרָא

7 **מִתְחוּ** קַו בֵּין הַהֲפָכִים (opposites):

אוֹר — בֹּקֶר

עֶרֶב — לַיְלָה

יוֹם — חֹשֶׁךְ

לְדַעְתְּכֶם, מָה יִבְרָא אֱ-לֹהִים (will create) בַּיּוֹם הַשֵּׁנִי?

מָה בָּרָא אֱ-לֹהִים בְּיוֹם שֵׁנִי?

פְּסוּקִים ו'–ח'

ו' וַיֹּאמֶר אֱ-לֹהִים:
"יְהִי רָקִיעַ[1] בְּתוֹךְ הַמָּיִם,
וִיהִי מַבְדִּיל[2] בֵּין מַיִם לָמָיִם."

ז' וַיַּעַשׂ[3] אֱ-לֹהִים אֶת-הָרָקִיעַ
וַיַּבְדֵּל[4]
בֵּין הַמַּיִם אֲשֶׁר מִתַּחַת[5] לָרָקִיעַ
וּבֵין הַמַּיִם אֲשֶׁר מֵעַל[6] לָרָקִיעַ,
וַיְהִי-כֵן.

ח' וַיִּקְרָא[7] אֱ-לֹהִים לָרָקִיעַ "שָׁמָיִם",
וַיְהִי-עֶרֶב וַיְהִי-בֹקֶר יוֹם שֵׁנִי.

1 **רָקִיעַ:** שָׁמַיִם.
2 **וִיהִי מַבְדִּיל:** let it be divide
3 **וַיַּעַשׂ** (ע-ש-ה)**:** הוּא עָשָׂה.
4 **וַיַּבְדֵּל:** הִבְדִּיל. divided, separated
5 **מִתַּחַת:** below
6 **מֵעַל:** above
7 **וַיִּקְרָא** (ק-ר-א)**:** קָרָא (לוֹ) בְּשֵׁם.

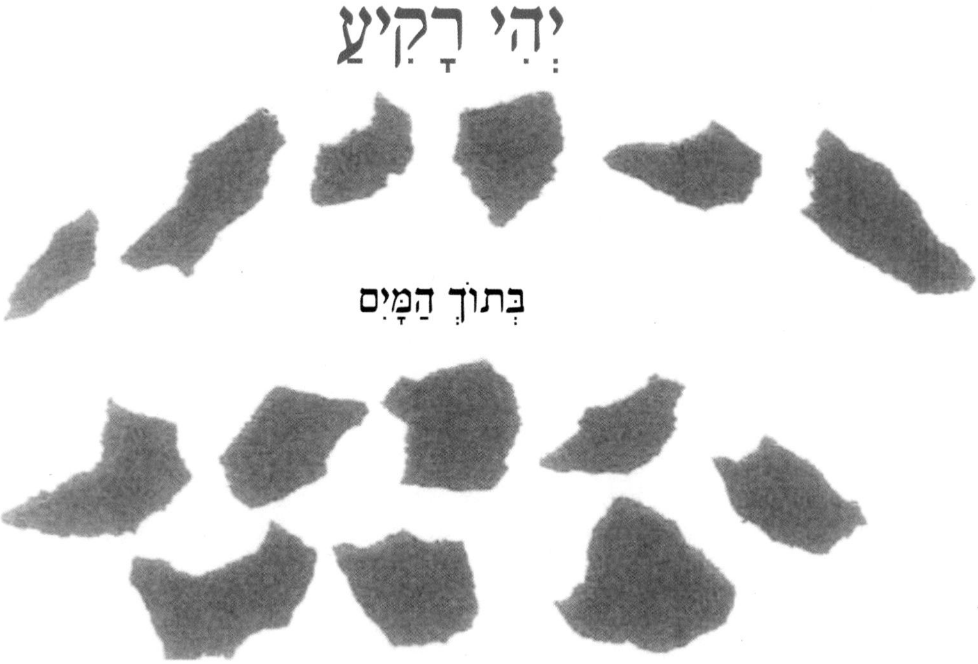

לִקְרֹא... לִמְצֹא... לְהַשְׁלִים... פְּסוּקִים ו׳-ח׳

בְּבַקָּשָׁה:

1 **סַמְּנוּ** בְּעַמּוּד 20 בְּצֶבַע כָּחֹל אֶת הַמִּלָּה "**רָקִיעַ**".

2 הַמִּלָּה "רָקִיעַ" חוֹזֶרֶת ______ פְּעָמִים.

3 **הַשְׁלִימוּ** בִּלְשׁוֹן הַתּוֹרָה:

אֱ-לֹהִים הִבְדִּיל "**בֵּין הַמַּיִם אֲשֶׁר** ______ ______

וּבֵין הַמַּיִם אֲשֶׁר ______ ______."

4 **הַשְׁלִימוּ:** אֱ-לֹהִים קָרָא לָרָקִיעַ: ______.

5 בַּיּוֹם הַשֵּׁנִי בָּרָא אֱ-לֹהִים אֶת הַ______.

יוֹם אֶחָד

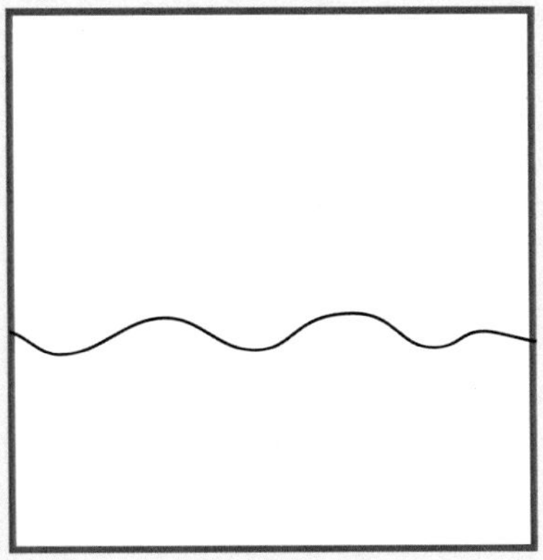
יוֹם שֵׁנִי

צִבְעוּ אֶת הַצִּיּוּר.

6 **הַקִּיפוּ** בְּעַמּוּד 20 בְּ ☐ אֶת וַי. לְדוּגְמָה: "[וַיַּ]עַשׂ".

7 **כִּתְבוּ** בִּלְשׁוֹן הַתּוֹרָה אֶת הַמִּלִּים הַמַּתְחִילוֹת בְּ"וַי".

בִּלְשׁוֹנֵנוּ	בִּלְשׁוֹן הַתּוֹרָה
הוּא אָמַר	
הוּא עָשָׂה	וַיַּעַשׂ
הוּא הִבְדִּיל	
הוּא קָרָא	

(will create)
לְדַעְתְּכֶם, מָה יִבְרָא אֱ-לֹהִים
בַּיּוֹם הַשְּׁלִישִׁי?

מָה בָּרָא אֱ-לֹהִים בְּיוֹם שְׁלִישִׁי?

פְּסוּקִים ט'–י'

ט' וַיֹּאמֶר אֱ-לֹהִים:
"יִקָּווּ[1] הַמַּיִם מִתַּחַת הַשָּׁמַיִם אֶל-מָקוֹם אֶחָד
וְתֵרָאֶה[2] הַיַּבָּשָׁה,[3]"
וַיְהִי-כֵן.[4]

י' וַיִּקְרָא[5] אֱ-לֹהִים לַיַּבָּשָׁה "אֶרֶץ",
וּלְמִקְוֵה הַמַּיִם[6] קָרָא "יַמִּים",
וַיַּרְא אֱ-לֹהִים כִּי-טוֹב.

1 **יִקָּווּ הַמַּיִם:** let the waters be gathered
2 **וְתֵרָאֶה** (ר-א-ה): let it be seen
3 **יַבָּשָׁה:** אֶרֶץ יְבֵשָׁה. dry land
4 **וַיְהִי-כֵן:** it was so
5 **וַיִּקְרָא** (ק-ר-א): קָרָא לוֹ, נָתַן לוֹ שֵׁם.
6 **מִקְוֵה הַמַּיִם:** the gathering of waters

יִקָּווּ הַמַּיִם אֶל-מָקוֹם אֶחָד

וְתֵרָאֶה הַיַּבָּשָׁה

יַמִּים

יַבָּשָׁה

לִקְרֹא... לִמְצֹא... לְהַשְׁלִים... פְּסוּקִים ט׳-י׳

בְּבַקָּשָׁה:

(connected with)

1 **סַמְּנוּ** בְּעַמּוּד 23 בְּצֶבַע כָּחֹל אֶת הַמִּלִּים הַקְּשׁוּרוֹת לְ**מַיִם**.

2 **סַמְּנוּ** בְּצֶבַע וָרֹד אֶת הַמִּלִּים הַקְּשׁוּרוֹת לְ**יַבָּשָׁה**.

3 **הַשְׁלִימוּ:** (אֶרֶץ, יַמִּים)

3א. אֱ-לֹהִים קָרָא לַיַּבָּשָׁה: "__________".

3ב. אֱ-לֹהִים קָרָא לְמִקְוֵה הַמַּיִם: "__________".

4 **הַשְׁלִימוּ:**

בַּיּוֹם הַשְּׁלִישִׁי בָּרָא אֱ-לֹהִים אֶת הַ__________

וְאֶת הַ__________.

מָה עוֹד בָּרָא אֱ-לֹהִים בְּיוֹם שְׁלִישִׁי?

פְּסוּקִים י״א–י״ג

י״א וַיֹּאמֶר אֱ-לֹהִים:
״תַּדְשֵׁא הָאָרֶץ[1] דֶּשֶׁא[2] עֵשֶׂב מַזְרִיעַ זֶרַע
עֵץ פְּרִי עֹשֶׂה פְּרִי לְמִינוֹ[3]
אֲשֶׁר זַרְעוֹ[4]-בוֹ עַל-הָאָרֶץ,״
וַיְהִי-כֵן.

1 **תַּדְשֵׁא הָאָרֶץ:** let the earth sprout
2 **דֶּשֶׁא:** sprouting things
3 **לְמִינוֹ:** like them
4 **זַרְעוֹ:** הַזֶּרַע שֶׁלּוֹ.
5 **וַתּוֹצֵא** (י-צ-א)
6 **לְמִינֵהוּ:** like them

י״ב וַתּוֹצֵא[5] הָאָרֶץ דֶּשֶׁא עֵשֶׂב מַזְרִיעַ זֶרַע לְמִינֵהוּ[6]
וְעֵץ עֹשֶׂה-פְּרִי אֲשֶׁר זַרְעוֹ-בוֹ לְמִינֵהוּ,
וַיַּרְא אֱ-לֹהִים כִּי-טוֹב.

י״ג וַיְהִי-עֶרֶב וַיְהִי-בֹקֶר יוֹם שְׁלִישִׁי.

לִקְרֹא... לִמְצֹא... לְהַשְׁלִים... פְּסוּקִים י"א-י"ג

בְּבַקָּשָׁה:

(connected with)

5 **סַמְּנוּ** בְּעַמּוּד 26 בְּצֶבַע יָרֹק אֶת הַמִּלִּים הַקְּשׁוּרוֹת לְ: **דֶּשֶׁא, עֵשֶׂב, עֵץ**.

6 **סַמְּנוּ** בְּצֶבַע יָרֹק אֶת הַמִּלִּים הַקְּשׁוּרוֹת **לְזֶרַע** וְ**לִפְרִי**.

7 **הַשְׁלִימוּ** בִּלְשׁוֹן הַתּוֹרָה: (פְּרִי, זֶרַע)

(sprout)

הַדֶּשֶׁא "מַזְרִיעַ ______" וְהָעֵץ "עוֹשֶׂה ______".

לַחְשֹׁב... לְהָבִין... פְּסוּקִים י"א-י"ג

(is repeated)

8 בְּפָסוּק י"א הַמִּלָּה "פְּרִי" חוֹזֶרֶת ______ פְּעָמִים.

הַמִּלָּה **פְּ רְ י** דּוֹמָה לַמִּלָּה **פְּ ר וּ**

צִבְעוּ בְּצֶבַע יָרֹק אֶת הָאוֹתִיּוֹת הַחוֹזְרוֹת.

(reproduce)

9 אֵיךְ הָעֵצִים מִתְרַבִּים? **הַשְׁלִימוּ וְצַיְּרוּ**:

הָעֵץ נוֹתֵן ______, [ ]

בַּפְּרִי יֵשׁ ______, [ ]

מֵהַזְּרָעִים צוֹמְחִים ______ חֲדָשִׁים. [ ]

10 **הַשְׁלִימוּ:**

10א. בַּיּוֹם הַשְּׁלִישִׁי אֱ-לֹהִים בָּרָא אֶת הַיַּמִּים וְאֶת הַיַּבָּשָׁה

וְהוּא רָאָה "______ ______." (פָּסוּק י')

10ב. בַּיּוֹם הַשְּׁלִישִׁי אֱ-לֹהִים בָּרָא גַּם דֶּשֶׁא-עֵשֶׂב וְעֵץ פְּרִי

וְהוּא רָאָה "______ ______." (פָּסוּק י"ב)

11 לָמָּה בְּיוֹם שְׁלִישִׁי כָּתוּב 2 פְּעָמִים "וַיַּרְא אֱ-לֹהִים כִּי טוֹב"?

כִּי ______________________________

כִּי ______________________________

(first) (and then)

12 לָמָּה קֹדֶם בָּרָא אֱ-לֹהִים אֶת הַיַּבָּשָׁה, וְאַחַר כָּךְ אֶת הַדֶּשֶׁא וְהָעֵצִים?

כִּי ______________________________

____

יוֹם אֶחָד

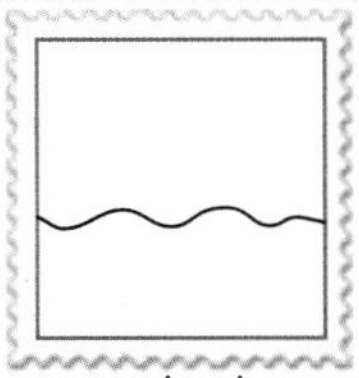

יוֹם שֵׁנִי

יוֹם שְׁלִישִׁי

13 **צִבְעוּ** אֶת מָה שֶׁאֱ-לֹהִים בָּרָא בַּיּוֹם הַשְּׁלִישִׁי.

(will create)
לְדַעְתְּכֶם, מָה יִבְרָא אֱ-לֹהִים בְּיוֹם רְבִיעִי?

שְׁלוֹשָׁה יָמִים רִאשׁוֹנִים

פְּסוּקִים א׳–י״ג

וַיֹּאמֶר אֱ-לֹהִים: ״יְהִי אוֹר״...
וַיַּרְא אֱ-לֹהִים אֶת-הָאוֹר כִּי-טוֹב,
וַיַּבְדֵּל אֱ-לֹהִים
בֵּין הָאוֹר וּבֵין הַחֹשֶׁךְ.
וַיִּקְרָא אֱ-לֹהִים לָאוֹר יוֹם
וְלַחֹשֶׁךְ קָרָא לָיְלָה.
וַיְהִי-עֶרֶב וַיְהִי-בֹקֶר יוֹם אֶחָד.

וַיֹּאמֶר אֱ-לֹהִים יְהִי רָקִיעַ...
... וַיַּבְדֵּל
בֵּין הַמַּיִם אֲשֶׁר מִתַּחַת לָרָקִיעַ
וּבֵין הַמַּיִם אֲשֶׁר מֵעַל לָרָקִיעַ...
וַיִּקְרָא אֱ-לֹהִים לָרָקִיעַ שָׁמָיִם
וַיְהִי-עֶרֶב וַיְהִי-בֹקֶר יוֹם שֵׁנִי.

וַיֹּאמֶר אֱ-לֹהִים יִקָּווּ הַמַּיִם...
וַיִּקְרָא אֱ-לֹהִים לַיַּבָּשָׁה ״אֶרֶץ״
וּלְמִקְוֵה הַמַּיִם קָרָא יַמִּים
וַיַּרְא אֱ-לֹהִים כִּי-טוֹב.

וַיֹּאמֶר אֱ-לֹהִים תַּדְשֵׁא הָאָרֶץ דֶּשֶׁא...
עֵץ פְּרִי עֹשֶׂה פְּרִי לְמִינוֹ...
וַיַּרְא אֱ-לֹהִים כִּי-טוֹב.
וַיְהִי-עֶרֶב וַיְהִי-בֹקֶר יוֹם שְׁלִישִׁי.

בְּבַקָּשָׁה:

(match)

1 **הַתְאִימוּ:**

אֵיךְ אֶ-לֹהִים בָּרָא?

מָה כָּתוּב?	**מָה אֶ-לֹהִים עָשָׂה?**
וַיֹּאמֶר	אֶ-לֹהִים רָאָה שֶׁזֶּה טוֹב
וַיִּקְרָא	אֶ-לֹהִים אָמַר
וַיַּבְדֵּל	(divided) אֶ-לֹהִים הִבְדִּיל בֵּין... וּבֵין
וַיַּרְא... כִּי טוֹב	אֶ-לֹהִים קָרָא בְּשֵׁם

2 **הַשְׁלִימוּ** (לְפִי עַמּוּד 30):

(begins)

כָּל יוֹם מַתְחִיל בַּמִּלָּה:

יוֹם רִאשׁוֹן

יוֹם שֵׁנִי

יוֹם שְׁלִישִׁי

3 הַשְׁלִימוּ:

יוֹם רִאשׁוֹן

וַיַּבְדֵּל

בֵּין

לְבֵין

יוֹם שֵׁנִי

וַיַּבְדֵּל

בֵּין

אֲשֶׁר מִתַּחַת

לְבֵין

אֲשֶׁר מֵעַל

4 הַשְׁלִימוּ:

יוֹם רִאשׁוֹן

אֱ-לֹהִים רָאָה:

יוֹם שְׁלִישִׁי

אֱ-לֹהִים רָאָה:

5 הַשְׁלִימוּ:

כָּל יוֹם מִסְתַּיֵּם בַּמִּלִּים:

יוֹם רִאשׁוֹן:
וַיְהִי ______
וַיְהִי ______
יוֹם אֶחָד

יוֹם שֵׁנִי:
וַיְהִי ______
וַיְהִי ______
יוֹם שֵׁנִי

יוֹם שְׁלִישִׁי:
וַיְהִי ______
וַיְהִי ______
יוֹם שְׁלִישִׁי

6 נְסַכֵּם:

- בַּיּוֹם הָ**רִאשׁוֹן** בָּרָא אֱ-לֹהִים אֶת הַ______ וְאֶת הַ______.
- בַּיּוֹם הַ**שֵּׁנִי** בָּרָא אֱ-לֹהִים אֶת הַ______.
- בַּיּוֹם הַ**שְּׁלִישִׁי** בָּרָא אֱ-לֹהִים אֶת הַ______ וְאֶת הַ______
  וְאֶת הַ______ וְ______.

מָה בָּרָא אֱ-לֹהִים בְּיוֹם רְבִיעִי?

פְּסוּקִים י״ד–י״ט

י״ד וַיֹּאמֶר אֱ-לֹהִים:

״יְהִי[1] מְאֹרֹת[2] בִּרְקִיעַ הַשָּׁמַיִם

לְהַבְדִּיל בֵּין הַיּוֹם וּבֵין הַלָּיְלָה,

וְהָיוּ[3] לְאֹתֹת[4] וּלְמוֹעֲדִים[5] וּלְיָמִים וְשָׁנִים.

ט״ו וְהָיוּ לִמְאוֹרֹת בִּרְקִיעַ הַשָּׁמַיִם

לְהָאִיר[6] עַל-הָאָרֶץ.״

וַיְהִי-כֵן.

ט״ז וַיַּעַשׂ[7] אֱ-לֹהִים

אֶת-שְׁנֵי הַמְּאֹרֹת הַגְּדֹלִים,

אֶת-הַמָּאוֹר הַגָּדֹל[8] לְמֶמְשֶׁלֶת[9] הַיּוֹם

וְאֶת-הַמָּאוֹר הַקָּטֹן[10] לְמֶמְשֶׁלֶת הַלַּיְלָה

וְאֵת הַכּוֹכָבִים.[11]

. . . .

י״ח וְלִמְשֹׁל בַּיּוֹם וּבַלַּיְלָה

וּלְהַבְדִּיל בֵּין הָאוֹר וּבֵין הַחֹשֶׁךְ,

וַיַּרְא אֱ-לֹהִים כִּי-טוֹב.

י״ט וַיְהִי-עֶרֶב וַיְהִי-בֹקֶר יוֹם רְבִיעִי.

---

1 **יְהִי:** let there be

2 **מְאֹרֹת:** אוֹרוֹת.

3 **וְהָיוּ:** let them be

4 **לְאֹתֹת:** as signs

5 **מוֹעֲדִים:** זְמַנִּים. set times

6 **לְהָאִיר** (א-ו-ר): לָתֵת אוֹר.

7 **וַיַּעַשׂ** (ע-שׂ-ה): הוּא עָשָׂה.

8 **הַמָּאוֹר הַגָּדֹל:** הָאוֹר הַגָּדוֹל.

9 **לְמֶמְשֶׁלֶת** (מ-שׁ-ל): לִמְשֹׁל. to rule

10 **הַמָּאוֹר הַקָּטֹן:** הָאוֹר הַקָּטֹן.

11 **כּוֹכָבִים:** stars

מְאֹרֹת

לִקְרֹא... לִמְצֹא... לְהַשְׁלִים... פָּסוּק י״ד

בְּבַקָּשָׁה:

(connected with)

1 **סַמְּנוּ** בְּעַמּוּד 34 בְּצֶבַע צָהֹב אֶת הַמִּלִּים הַקְּשׁוּרוֹת לְאוֹר.

2 אֱ-לֹהִים הִבְדִּיל בֵּין הַ__________ וּבֵין הַ__________.

(in order to)

3 אֱ-לֹהִים בָּרָא אֶת הַמְּאֹרֹת כְּדֵי __________ בֵּין הַיּוֹם וּבֵין הַלַּיְלָה.

4 **צַיְּרוּ:**

מָה נוֹתֵן אוֹר בַּיּוֹם?

מָה נוֹתֵן אוֹר בַּלַּיְלָה?

5 **הַשְׁלִימוּ** בִּלְשׁוֹנֵנוּ:

בְּיוֹם רְבִיעִי בָּרָא אֱ-לֹהִים:

אֶת הַ__________ וְאֶת הַ__________ וְאֶת הַ__________.

6 **הַשְׁלִימוּ** בִּלְשׁוֹן הַתּוֹרָה (פָּסוּק ט"ו):

6א. אֱ-לֹהִים בָּרָא אֶת הַמְּאֹרֹת בַּשָּׁמַיִם כְּדֵי "לְ __________ עַל הָאָרֶץ."

6ב. אֱ-לֹהִים רָאָה אֶת מָה שֶׁהוּא בָּרָא:

"**וַיַּרְא אֱ-לֹהִים** __________ __________."

7 **הַשְׁלִימוּ** בִּלְשׁוֹנֵנוּ: (יוֹם, לַיְלָה)

הַמָּאוֹר הַגָּדוֹל מֵאִיר בַּ__________

הַמָּאוֹר הַקָּטָן מֵאִיר בַּ__________

הַכּוֹכָבִים מְאִירִים בַּ__________

8 **צִבְעוּ** אֶת מָה שֶׁאֱ-לֹהִים בָּרָא בַּיּוֹם הָרְבִיעִי, וְאֶת הַיּוֹם הַדּוֹמֶה לוֹ.

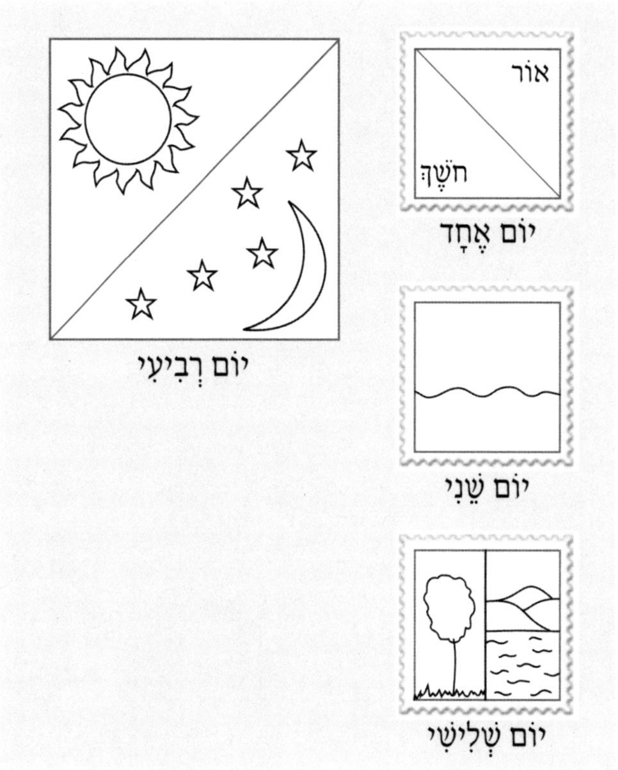

9 **הַקִּיפוּ** בְּמַעְגָּל בְּעַמּוּד 34 אֶת כָּל הַמִּלִּים שֶׁיֵּשׁ בָּהֶן "**וַי**".

10 **הַשְׁלִימוּ:**

בִּלְשׁוֹן הַתּוֹרָה	**בִּלְשׁוֹנֵנוּ**	**מִי?**
וַיֹּאמֶר		
וַיַּעַשׂ		
וַיִּתֵּן	הוּא נָתַן	אֱ-לֹהִים
וַיַּרְא		

11 בַּיּוֹם הָרִאשׁוֹן

אֱ-לֹהִים הִבְדִּיל בֵּין הַ____________ וּבֵין הַ____________ .

בְּיוֹם רְבִיעִי

אֱ-לֹהִים הִבְדִּיל בֵּין הַ____________ וּבֵין הַ____________ .

לְדַעְתְּכֶם, מָה יִבְרָא (will create) אֱ-לֹהִים בְּיוֹם חֲמִישִׁי?

מָה בָּרָא אֱ-לֹהִים בְּיוֹם חֲמִישִׁי?

פְּסוּקִים כ׳–כ״ג

וְעוֹף יְעוֹפֵף...

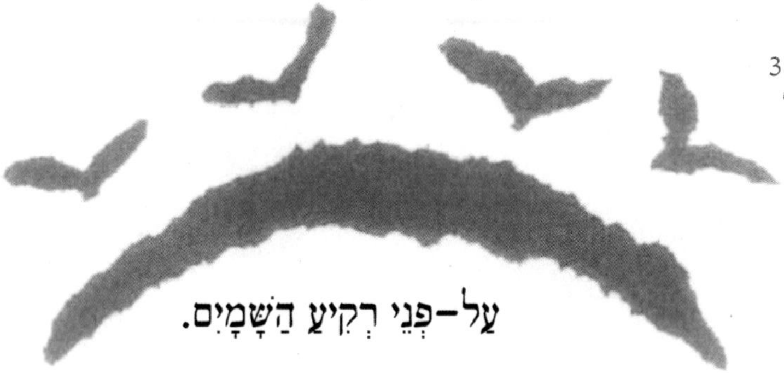

כ׳ וַיֹּאמֶר אֱ-לֹהִים:
"יִשְׁרְצוּ הַמַּיִם[1] שֶׁרֶץ[2] נֶפֶשׁ חַיָּה,[3]
וְעוֹף[4] יְעוֹפֵף עַל[5]-הָאָרֶץ
עַל-פְּנֵי רְקִיעַ הַשָּׁמָיִם."

כ״א וַיִּבְרָא[6] אֱ-לֹהִים
אֶת-הַתַּנִּינִם[7] הַגְּדֹלִים,
וְאֵת כָּל-נֶפֶשׁ הַחַיָּה הָרֹמֶשֶׂת[8]
אֲשֶׁר שָׁרְצוּ הַמַּיִם לְמִינֵהֶם
וְאֵת כָּל-עוֹף כָּנָף[9] לְמִינֵהוּ
וַיַּרְא אֱ-לֹהִים כִּי-טוֹב.

1 **יִשְׁרְצוּ הַמַּיִם:** let the waters swarm
2 **שֶׁרֶץ:** swarming things
3 **נֶפֶשׁ חַיָּה:** living creatures
4 **עוֹף** (ע-ו-פ): flying things
5 **יְעוֹפֵף עַל** (ע-ו-פ): יָעוּף. will fly over
6 **וַיִּבְרָא** (ב-ר-א): הוּא בָּרָא.
7 **תַּנִּינִם:** sea serpents
8 **הָרֹמֶשֶׂת:** that crawls
9 **כָּנָף:** wing

יִשְׁרְצוּ הַמַּיִם שֶׁרֶץ נֶפֶשׁ חַיָּה

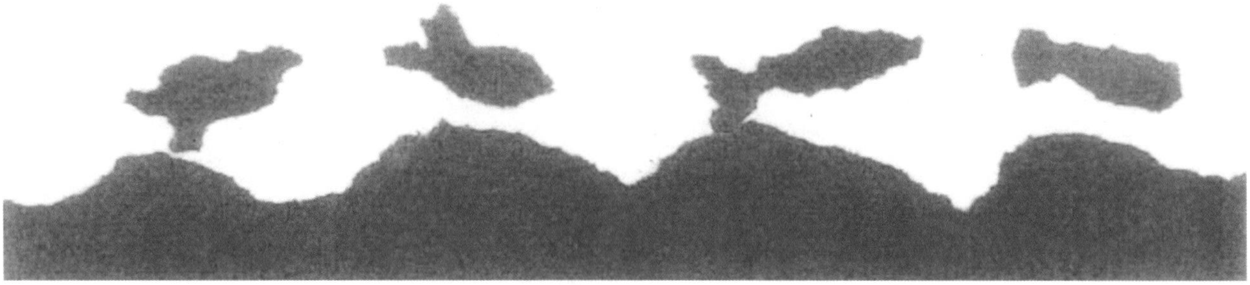

כ״ב וַיְבָרֶךְ[10] אֹתָם אֱ-לֹהִים לֵאמֹר:
״פְּרוּ וּרְבוּ[11]
וּמִלְאוּ[12] אֶת-הַמַּיִם בַּיַּמִּים
וְהָעוֹף יִרֶב[13] בָּאָרֶץ.״

[10] **וַיְבָרֶךְ** (ב-ר-ך): הוּא בֵּרֵךְ.
[11] **פְּרוּ וּרְבוּ:** תִּהְיוּ הַרְבֵּה.
[12] **וּמִלְאוּ:** fill
[13] **יִרֶב** (ר-ו-ב): יִהְיוּ הַרְבֵּה.

כ״ג וַיְהִי-עֶרֶב וַיְהִי-בֹקֶר יוֹם חֲמִישִׁי.

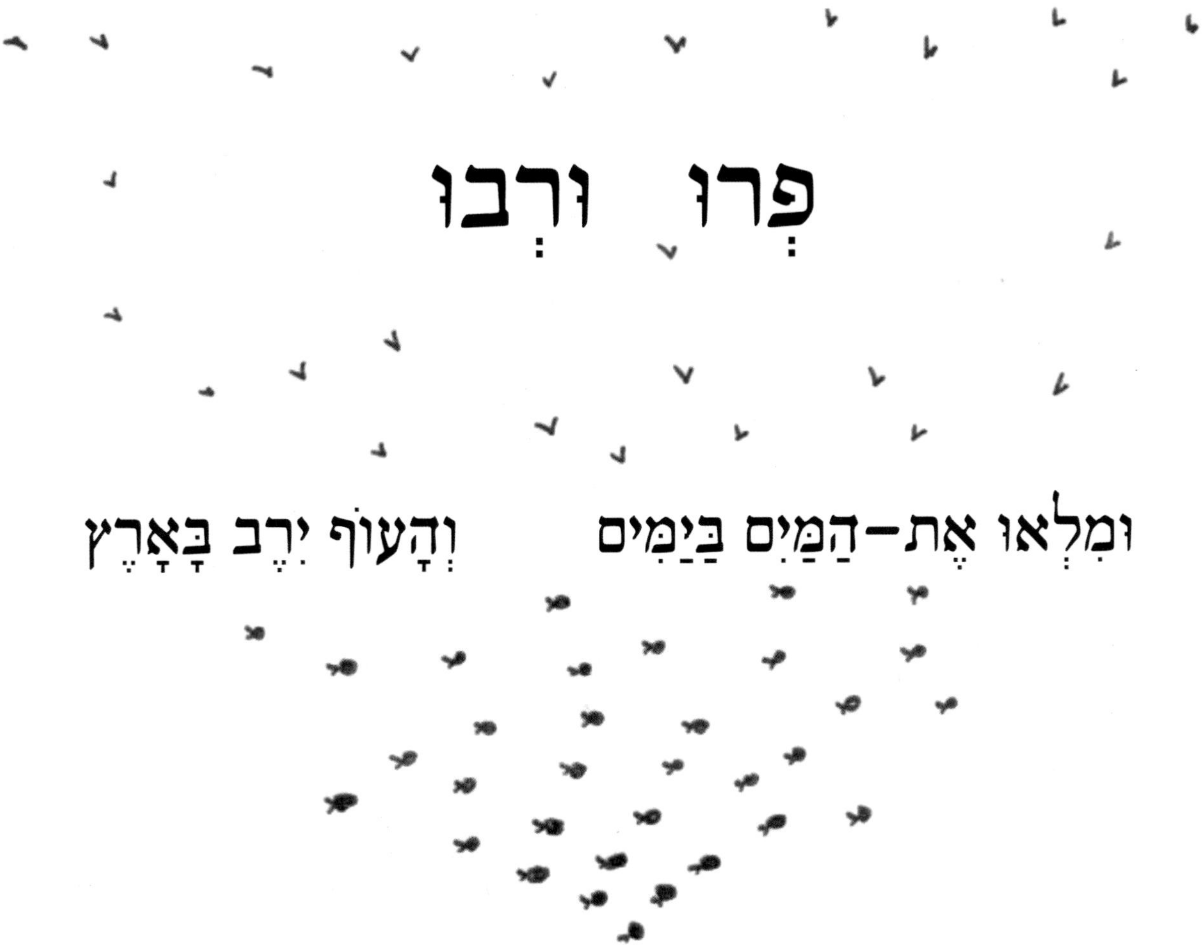

לִקְרֹא... לִמְצֹא... לְהַשְׁלִים... פְּסוּקִים כ׳-כ״ג

בְּבַקָּשָׁה:

1 **סַמְּנוּ** בְּעַמּוּדִים 38–39 קַו מִתַּחַת לַמִּלִּים הַקְּשׁוּרוֹת לְמַיִם.

2 **הַקִּיפוּ** בְּמַעְגָּל כָּחֹל אֶת הַמִּלָּה ״שָׁמַיִם״.

3 **הַשְׁלִימוּ:** (בַּמַּיִם, בַּשָּׁמַיִם)

וְעוֹף יְעוֹפֵף __________.

הַתַּנִּינִים הַגְּדוֹלִים, כָּל נֶפֶשׁ הַחַיָּה הָרֹמֶשֶׂת __________.

4 **הַשְׁלִימוּ:** (שֶׁרֶץ, עוֹף)

בְּיוֹם רְבִיעִי בָּרָא אֱ-לֹהִים אֶת הָ__________ בַּשָּׁמַיִם

וְאֶת הַ__________ בַּמַּיִם.

5 **הַשְׁלִימוּ:** אֱ-לֹהִים בֵּרֵךְ גַּם אֶת הָעוֹפוֹת וְגַם אֶת הַשְּׁרָצִים. (crawling things)

הַבְּרָכָה הִיא: ״__________ **וּרְבוּ**.״

6 **הַשְׁלִימוּ** בִּלְשׁוֹן הַתּוֹרָה:

6א. הַבְּרָכָה לַשְּׁרָצִים: ״__________ __________ __________ **בַּיַּמִּים**.״

6ב. הַבְּרָכָה לָעוֹפוֹת: ״**וְהָעוֹף** __________ __________.״

לַחְשֹׁב... לְהָבִין... פְּסוּקִים כ׳-כ״ג

7 **הַשְׁלִימוּ:**

(in order that)

כְּדֵי שֶׁיִּהְיֶה תָּמִיד דֶּשֶׁא-עֵשֶׂב,

אֱ-לֹהִים נָתַן ________ .

(in order that)

כְּדֵי שֶׁיִּהְיוּ תָּמִיד הַרְבֵּה עֵצִים,

אֱ-לֹהִים נָתַן לָעֵצִים ________ .

(in order that)

כְּדֵי שֶׁיִּהְיוּ תָּמִיד הַרְבֵּה שְׁרָצִים וְעוֹפוֹת

אֱ-לֹהִים בֵּרֵךְ אוֹתָם: "________ ________."

8 **צִבְעוּ** אֶת מָה שֶׁאֱ-לֹהִים בָּרָא

בַּיּוֹם הַחֲמִישִׁי, וְאֶת הַיּוֹם הַדּוֹמֶה לוֹ.

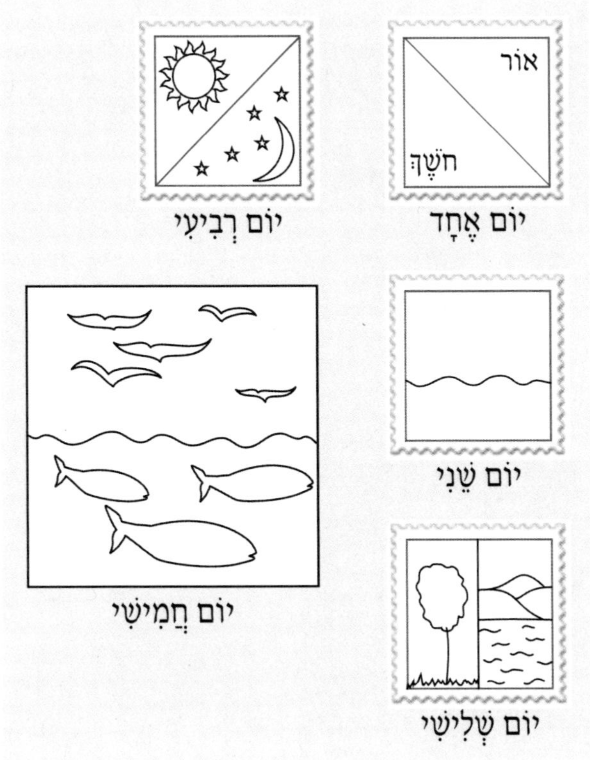

(will create)

לְדַעְתְּכֶם, מָה יִבְרָא אֱ-לֹהִים בְּיוֹם שִׁשִּׁי?

מָה בָּרָא אֱ-לֹהִים בְּיוֹם שִׁשִּׁי?

פְּסוּקִים כ"ד-כ"ה

כ"ד וַיֹּאמֶר אֱ-לֹהִים:
"תּוֹצֵא[1] הָאָרֶץ נֶפֶשׁ חַיָּה[2] לְמִינָהּ[3]
בְּהֵמָה[4] וָרֶמֶשׂ[5] וְחַיְתוֹ-אֶרֶץ[6] לְמִינָהּ,"
וַיְהִי-כֵן.

כ"ה וַיַּעַשׂ אֱ-לֹהִים
אֶת-חַיַּת הָאָרֶץ לְמִינָהּ
וְאֶת-הַבְּהֵמָה לְמִינָהּ
וְאֵת כָּל-רֶמֶשׂ הָאֲדָמָה[7] לְמִינֵהוּ,
וַיַּרְא אֱ-לֹהִים כִּי-טוֹב.

1 **תּוֹצֵא** (י-צ-א): let it bring forth
2 **נֶפֶשׁ חַיָּה:** living beings
3 **לְמִינָהּ:** like them
4 **בְּהֵמָה:** צֹאן וּבָקָר. domestic animals
5 **רֶמֶשׂ:** crawling things
6 **חַיְתוֹ-אֶרֶץ:** חַיּוֹת בַּר. wild animals
7 **רֶמֶשׂ הָאֲדָמָה:** הַזּוֹחֲלִים.  crawling animals

תּוֹצֵא הָאָרֶץ

נֶפֶשׁ חַיָּה... בְּהֵמָה וָרֶמֶשׂ

לִקְרֹא... לִמְצֹא... לְהַשְׁלִים... פְּסוּקִים כ"ד-כ"ה

בְּבַקָּשָׁה:

(connected with)

1 **הַקִּיפוּ** בְּמַעְגָּל יָרֹק בְּעַמּוּד 42 אֶת כָּל הַמִּלִּים הַקְּשׁוּרוֹת לְבַעֲלֵי חַיִּים.

2 **סַמְּנוּ** בְּצֶבַע וָרֹד אֶת הַמִּלָּה "אֶרֶץ".

3 **כִּתְבוּ** בִּלְשׁוֹן הַתּוֹרָה: מִן הָאָרֶץ יֵצְאוּ הַרְבֵּה מִינִים שֶׁל בַּעֲלֵי חַיִּים.

"________ ________ נֶפֶשׁ ________ ________."

4 **נְסַכֵּם** (פְּסוּקִים כ'-כ"א): אֵילוּ בַּעֲלֵי חַיִּים בָּרָא אֱ-לֹהִים? **הַשְׁלִימוּ:**

בָּרָקִיעַ ________.

צַיְּרוּ:

בַּמַּיִם ________.

צַיְּרוּ:

עַל הָאֲדָמָה ________.

צַיְּרוּ:

לְדַעְתְּכֶם, מָה עוֹד יִבְרָא אֱ-לֹהִים בְּיוֹם שִׁשִּׁי?

מָה עוֹד בָּרָא אֱ-לֹהִים בְּיוֹם שִׁשִּׁי?

פְּסוּקִים כ״ו–כ״ז

כ״ו וַיֹּאמֶר אֱ-לֹהִים:
״נַעֲשֶׂה אָדָם[1] בְּצַלְמֵנוּ כִּדְמוּתֵנוּ,[2]
וְיִרְדּוּ[3]
בִדְגַת הַיָּם[4] וּבְעוֹף הַשָּׁמַיִם[5]
וּבַבְּהֵמָה[6] וּבְכָל-הָאָרֶץ
וּבְכָל-הָרֶמֶשׂ הָרֹמֵשׂ[7] עַל-הָאָרֶץ.״

כ״ז וַיִּבְרָא אֱ-לֹהִים אֶת-הָאָדָם בְּצַלְמוֹ
בְּצֶלֶם אֱ-לֹהִים[8] בָּרָא אֹתוֹ,
זָכָר[9] וּנְקֵבָה[10] בָּרָא אֹתָם.

1 **אָדָם:** humanity
2 **בְּצַלְמֵנוּ כִּדְמוּתֵנוּ:** דּוֹמֶה לֶאֱ-לֹהִים.
3 **יִרְדּוּ:** יִמְשְׁלוּ. will rule
4 **דְּגַת הַיָּם:** 
5 **עוֹף הַשָּׁמַיִם:** 
6 **בְּהֵמָה:** חַיּוֹת.
7 **הָרֶמֶשׂ הָרֹמֵשׂ:**
the crawling things that crawl
8 **בְּצֶלֶם אֱ-לֹהִים:** דּוֹמֶה לֶאֱ-לֹהִים.
9 **זָכָר:** male
10 **נְקֵבָה:** female

נַעֲשֶׂה אָדָם

לִקְרֹא... לִמְצֹא... לְהַשְׁלִים... פְּסוּקִים כ"ו-כ"ז

בְּבַקָּשָׁה:

1 **סַמְּנוּ** בְּעַמּוּד 44 בְּצֶבַע וָרֹד אֶת הַמִּלָּה "אָדָם".

2 **סַמְּנוּ** בְּצֶבַע כָּחֹל אֶת הַמִּלִּים מִן הַשֹּׁרֶשׁ **ב-ר-א**.

3 מִלִּים מִן הַשֹּׁרֶשׁ **ב-ר-א** חוֹזְרוֹת ______ פְּעָמִים.

4 **הַשְׁלִימוּ:** (פָּסוּק כ"ז)

4א. אֱ-לֹהִים בָּרָא אֶת הָאָדָם

"בְּ______ **אֱ-לֹהִים**."

4ב. אֱ-לֹהִים בָּרָא אוֹתָם

"**זָכָר וּ**______."

5 **צִבְעוּ** אֶת מָה שֶׁאֱ-לֹהִים בָּרָא

בַּיּוֹם הַשִּׁשִּׁי, וְאֶת הַיּוֹם הַדּוֹמֶה לוֹ.

פְּסוּקִים כ"ח-ל"א

כ"ח וַיְבָרֶךְ אֹתָם אֱ-לֹהִים
וַיֹּאמֶר לָהֶם אֱ-לֹהִים:
"פְּרוּ וּרְבוּ
וּמִלְאוּ אֶת-הָאָרֶץ וְכִבְשֻׁהָ,[1]
וּרְדוּ[2]
בִּדְגַת הַיָּם[3] וּבְעוֹף הַשָּׁמַיִם
וּבְכָל-חַיָּה הָרֹמֶשֶׂת[4] עַל-הָאָרֶץ."

1 **וְכִבְשֻׁהָ:** conquer it
2 **וּרְדוּ:** תִּמְשְׁלוּ. rule
3 **בִּדְגַת הַיָּם:** הַדָּגִים בַּיָּם.
4 **הָרֹמֶשֶׂת:** that crawls
5 **לְאָכְלָה:** לְמַאֲכָל.

כ"ט וַיֹּאמֶר אֱ-לֹהִים:
"הִנֵּה נָתַתִּי לָכֶם אֶת-כָּל-עֵשֶׂב...
וְאֶת-כָּל-הָעֵץ אֲשֶׁר-בּוֹ פְרִי-עֵץ...
לָכֶם יִהְיֶה לְאָכְלָה.[5]"

ל' "וּלְכָל-חַיַּת הָאָרֶץ...
אֲשֶׁר בּוֹ נֶפֶשׁ חַיָּה
אֶת-כָּל-יֶרֶק עֵשֶׂב לְאָכְלָה,"
וַיְהִי כֵן.

ל"א וַיַּרְא אֱ-לֹהִים אֶת-כָּל-אֲשֶׁר עָשָׂה
וְהִנֵּה-טוֹב מְאֹד,
וַיְהִי-עֶרֶב וַיְהִי-בֹקֶר יוֹם הַשִּׁשִּׁי.

בְּבַקָּשָׁה:

1 **הַשְׁלִימוּ** בִּלְשׁוֹן הַתּוֹרָה:

1א. אֱ-לֹהִים בֵּרֵךְ אֶת הָאָדָם בִּבְרָכָה:

"**פְּרוּ** ______ ______ ______ ______." (פָּסוּק כ"ח)

(would rule)

1ב. בְּמִי יִמְשֹׁל הָאָדָם?

"**בִּ**______ **הַיָּם וּבְ**______ **הַשָּׁמַיִם**

וּבְכָל ______ **הָרֹמֶשֶׂת** ______ ______." (פָּסוּק כ"ח)

2 **סַמְּנוּ** אֶת הַמִּלִּים מִן הַשֹּׁרֶשׁ **א-כ-ל**.

2א. מָה יֹאכַל הָאָדָם?

"**אֶת-כָּל** ______ **... וְאֶת-כָּל** ______

אֲשֶׁר-בּוֹ ______ ______." (פָּסוּק כ"ט)

2ב. כָּל הַחַיּוֹת וְהָאָדָם אָכְלוּ עֵשֶׂב.

"**אֶת כָּל** ______ ______ ______." (פָּסוּק ל')

3 יוֹם שִׁשִּׁי שׁוֹנֶה מִן הַיָּמִים הָאֲחֵרִים.

בְּפָסוּק ל"א כָּתוּב כָּךְ:

> וַיַּרְא אֱ-לֹהִים אֶת-כָּל-אֲשֶׁר עָשָׂה
> וְהִנֵּה-טוֹב מְאֹד,
> וַיְהִי-עֶרֶב וַיְהִי-בֹקֶר יוֹם הַשִּׁשִּׁי.
> (פָּסוּק ל"א)

3א. כָּתוּב שֶׁאֱ-לֹהִים רָאָה אֶת "__________ __________ __________."

3ב. בְּכָל הַיָּמִים כָּתוּב "וַיַּרְא כִּי טוֹב" וּבַיּוֹם הַשִּׁשִּׁי כָּתוּב:

"וְהִנֵּה __________ __________."

3ג. רַק עַל יוֹם שִׁשִּׁי כָּתוּב: "יוֹם ___שִּׁשִּׁי".

פֶּרֶק א' פְּסוּקִים א'-ל"א

1 לָמָּה לְדַעְתְּכֶם אֱ-לֹהִים בָּרָא אֶת הָאָדָם בַּסּוֹף?

כִּי ______________________________

____

2 מָה לוֹמְדִים עַל אֱ-לֹהִים מִן הַסִּפּוּר הַזֶּה? **סַמְּנוּ** ✓ .

☐ אֱ-לֹהִים הוּא בּוֹרֵא הָעוֹלָם.

(a plan)

☐ אֱ-לֹהִים בָּרָא אֶת הָעוֹלָם לְפִי תָּכְנִית.

☐ אֱ-לֹהִים עָשָׂה סֵדֶר בָּעוֹלָם.

☐ אֱ-לֹהִים בָּרָא אֶת הָעוֹלָם בִּשְׁבִיל הָאָדָם.

☐ הָעוֹלָם לֹא מָצָא חֵן בְּעֵינֵי אֱ-לֹהִים.

☐ אֱ-לֹהִים בָּרָא אָדָם שֶׁדּוֹמֶה לוֹ.

☐ ______________________________

3 הַאִם לְדַעְתְּכֶם הַיּוֹם הַשְּׁבִיעִי יִהְיֶה דּוֹמֶה לַיָּמִים הָאֲחֵרִים?

כֵּן. כִּי ______________________________

____

לֹא. כִּי ______________________________

____

פֶּרֶק ב׳

מָה עָשָׂה אֱ-לֹהִים אַחֲרֵי הַיּוֹם הַשִּׁשִּׁי?

פֶּרֶק ב׳ פְּסוּקִים א׳–ג׳

א׳ וַיְכֻלּוּ[1] הַשָּׁמַיִם וְהָאָרֶץ וְכָל-צְבָאָם.

ב׳ וַיְכַל[2] אֱ-לֹהִים בַּיּוֹם הַשְּׁבִיעִי
מְלַאכְתּוֹ[3] אֲשֶׁר עָשָׂה,
וַיִּשְׁבֹּת[4] בַּיּוֹם הַשְּׁבִיעִי
מִכָּל-מְלַאכְתּוֹ אֲשֶׁר עָשָׂה.

ג׳ וַיְבָרֶךְ[5] אֱ-לֹהִים אֶת-יוֹם הַשְּׁבִיעִי
וַיְקַדֵּשׁ[6] אֹתוֹ,
כִּי בוֹ שָׁבַת מִכָּל-מְלַאכְתּוֹ
אֲשֶׁר-בָּרָא אֱ-לֹהִים לַעֲשׂוֹת.

1 **וַיְכֻלּוּ** (כ-ל-ה)**:** were finished
2 **וַיְכַל** (כ-ל-ה)**:** הוּא סִיֵּם. finished
3 **מְלַאכְתּוֹ:** מָה שֶׁהוּא עָשָׂה.
4 **וַיִּשְׁבֹּת** (ש-ב-ת)**:** הוּא הִפְסִיק. stopped
5 **וַיְבָרֶךְ** (ב-ר-ך)**:** הוּא בֵּרֵךְ.
6 **וַיְקַדֵּשׁ** (ק-ד-ש)**:** הוּא הִבְדִּיל (לְטוֹב) מִשְּׁאַר הַיָּמִים.

לִקְרֹא... לִמְצֹא... לְהַשְׁלִים... פָּסוּק א׳-ג׳

בְּבַקָּשָׁה:

1 בַּהַתְחָלָה כָּתוּב:

בְּרֵאשִׁית בָּרָא אֱ-לֹהִים אֵת הַשָּׁמַיִם וְאֵת הָאָרֶץ (פֶּרֶק א׳ פָּסוּק א׳)

בַּסּוֹף כָּתוּב:

וַיְכֻלּוּ הַשָּׁמַיִם וְהָאָרֶץ וְכָל-צְבָאָם (פֶּרֶק ב׳ פָּסוּק א׳)

1א. **סַמְּנוּ** בְּצֶבַע כָּחֹל אֶת הַמִּלִּים הַדּוֹמוֹת.

1ב. הַמִּלִּים הַדּוֹמוֹת הֵן: ________ , ________.

1ג. **כִּתְבוּ** בִּלְשׁוֹן הַתּוֹרָה אֶת הַמִּלָּה הַמַּתְאִימָה: (וַיְכֻלּוּ, בְּרֵאשִׁית)

בִּתְחִלַּת הַבְּרִיאָה: "________"

בְּסוֹף הַבְּרִיאָה: "________"

2 **הַשְׁלִימוּ:**

2א. בַּהַתְחָלָה כָּתוּב שֶׁאֱ-לֹהִים בָּרָא אֶת

"הַ________ **וְאֵת הַ**________". (פֶּרֶק א׳ פָּסוּק א׳)

(finished)

2ב. בַּסּוֹף כָּתוּב שֶׁאֱ-לֹהִים סִיֵּם לִבְרֹא אֶת

"הַ________ **וְהָ**________ **וְכָל-צְבָאָם.**" (פֶּרֶק ב׳ פָּסוּק א׳)

3 **סַמְּנוּ** בְּעַמּוּד 50 בְּצֶבַע צָהֹב אֶת הַיּוֹם בַּשָּׁבוּעַ. (פְּסוּקִים ב'-ג')

4 לַיּוֹם הַזֶּה אֲנַחְנוּ קוֹרְאִים ______________ .

5 **סַמְּנוּ** בְּצֶבַע יָרֹק אֶת הַמִּלִּים מִן הַשֹּׁרֶשׁ **ש-ב-ת.**

6 **הַשְׁלִימוּ:** (שַׁבָּת, שָׁבַת)

כָּתוּב שֶׁבַּיּוֹם הַשְּׁבִיעִי אֱ-לֹהִים ______________ .

לַיּוֹם הַשְּׁבִיעִי קוֹרְאִים יוֹם ______________ .

7 **הַשְׁלִימוּ** בִּלְשׁוֹן הַתּוֹרָה:

אֱ-לֹהִים מְבָרֵךְ אֶת הַשַּׁבָּת וּמְקַדֵּשׁ אוֹתָהּ "**כִּי** __________ __________

__________ __________ **אֲשֶׁר-בָּרָא אֱ-לֹהִים לַעֲשׂוֹת."** (פָּסוּק ג')

8

קִרְאוּ שׁוּב פְּסוּקִים א'-ג'. מָתַי אֲנַחְנוּ שָׁרִים אֶת הַפְּסוּקִים הָאֵלֶּה?

____

לַחְשֹׁב... לְהָבִין... פְּסוּקִים א׳-ג׳

9 הַיּוֹם הַשְּׁבִיעִי שׁוֹנֶה מִכָּל הַיָּמִים. **הַשְׁלִימוּ:** (בָּרָא, שָׁבַת)

9א. בְּכָל הַיָּמִים אֱ-לֹהִים ______________ .

9ב. בַּיּוֹם הַשְּׁבִיעִי אֱ-לֹהִים ______________ .

10 **הַשְׁלִימוּ:** (וַיְכַל, וַיֹּאמֶר, וַיִּשְׁבֹּת)

10א. בְּהַתְחָלַת כָּל יוֹם כָּתוּב: "______________ **אֱ-לֹהִים.**"

10ב. בַּיּוֹם הַשְּׁבִיעִי כָּתוּב: "וַ______________ **אֱ-לֹהִים... וַ**______________..." (פָּסוּק ב׳)

11 בְּסוֹף שֶׁל כָּל יוֹם כָּתוּב: "**וַיַּרְא אֱ-לֹהִים כִּי טוֹב.**"

עַל הַיּוֹם הַשְּׁבִיעִי כָּתוּב: "וַיְ______________" וְגַם: "וַיְ______________" (פָּסוּק ג׳)

12 **הַשְׁלִימוּ.** בְּסוֹף כָּל יוֹם כָּתוּב:

.1	**וַיְהִי**	______________	**וַיְהִי**	______________	**יוֹם**	אֶחָד______
.2	**וַיְהִי**	______________	**וַיְהִי**	______________	**יוֹם**	______________ .
.3	**וַיְהִי**	______________	**וַיְהִי**	______________	**יוֹם**	______________ .
.4	**וַיְהִי**	______________	**וַיְהִי**	______________	**יוֹם**	______________ .
.5	**וַיְהִי**	______________	**וַיְהִי**	______________	**יוֹם**	______________ .
.6	**וַיְהִי**	______________	**וַיְהִי**	______________	**יוֹם**	______________ .

12א. עַל הַיּוֹם הַשְּׁבִיעִי **הָיָה צָרִיךְ** לִהְיוֹת כָּתוּב:

וַיְהִי ______________ וַיְהִי ______________ יוֹם ______________ .

13 לָמָּה לְדַעְתְּכֶם, לֹא כָּתוּב כָּךְ עַל הַיּוֹם הַשְּׁבִיעִי?

כִּי ____

כִּי ____ .

14 מָה אֲנַחְנוּ עוֹשִׂים כְּמוֹ אֱ-לֹהִים?

- בְּשַׁבָּת, אֱ-לֹהִים שָׁבַת מִכָּל מְלַאכְתּוֹ.

בְּשַׁבָּת אֲנַחְנוּ ______________________ .

- אֱ-לֹהִים בֵּרֵךְ אֶת הַשַּׁבָּת וְקִדֵּשׁ אוֹתָהּ.

בְּשַׁבָּת אֲנַחְנוּ ______________ .

15

(most)
מָה אַתֶּם הֲכִי אוֹהֲבִים בְּשַׁבָּת?

בְּשַׁבָּת אֲנִי ______________________________

מִצְאוּ אֶת הַמִּלִּים הָאֵלֶּה **וְסַמְּנוּ** ☑ :

☐ לַיְלָה ☐ דֶּשֶׁא ☐ אוֹר ☐ רָקִיעַ ☐ רֶמֶשׂ ☐ עֵץ פְּרִי ☑ אָדָם,

☐ יַמִּים ☐ מְאוֹרוֹת ☐ חֹשֶׁךְ ☐ עוֹף ☐ אֶרֶץ ☑ שֶׁרֶץ ☐ יַבָּשָׁה

☐ יָרֵחַ ☐ שֶׁמֶשׁ ☐ שַׁבָּת ☐ יוֹם

	ח	ל	י	ל	ה		
ד	ש	א		ר	ק	י	ע
מ	ך	ר	מ	ש		ר	ש
א	ע	ץ	פ	ר	י	ח	מ
ו	ו			ץ	ב		ש
ר	ף	א	ד	ם	ש		ב
ו		י	ו	ם	ה		ת
ת		י	מ	י	ם		

אֵיךְ בָּרָא אֱ-לֹהִים אֶת הָאָדָם?

פֶּרֶק ב׳ פָּסוּק ז׳

ד׳ אֵלֶּה תוֹלְדוֹת הַשָּׁמַיִם וְהָאָרֶץ בְּהִבָּרְאָם,
בְּיוֹם עֲשׂוֹת ה׳ אֱ-לֹהִים אֶרֶץ וְשָׁמָיִם.

ה׳ וְכֹל שִׂיחַ הַשָּׂדֶה טֶרֶם יִהְיֶה בָאָרֶץ
וְכָל-עֵשֶׂב הַשָּׂדֶה טֶרֶם יִצְמָח,
כִּי לֹא הִמְטִיר ה׳ אֱ-לֹהִים עַל-הָאָרֶץ
וְאָדָם אַיִן לַעֲבֹד אֶת-הָאֲדָמָה.

ו׳ וְאֵד יַעֲלֶה מִן-הָאָרֶץ
וְהִשְׁקָה אֶת-כָּל-פְּנֵי הָאֲדָמָה.

ז׳ וַיִּיצֶר ה׳[1] אֱ-לֹהִים אֶת-הָאָדָם
עָפָר[2] מִן-הָאֲדָמָה
וַיִּפַּח בְּאַפָּיו[3] נִשְׁמַת חַיִּים,[4]
וַיְהִי הָאָדָם לְנֶפֶשׁ חַיָּה.[5]

1 **וַיִּיצֶר ה׳** (י-צ-ר): ה׳ יָצַר. designed
2 **עָפָר:** dust
3 **וַיִּפַּח בְּאַפָּיו:** blew into his nostrils
4 **נִשְׁמַת חַיִּים:** the breath of life
5 **וַיְהִי הָאָדָם לְנֶפֶשׁ חַיָּה:** הָאָדָם הִתְחִיל לִחְיוֹת.

לִקְרֹא... לִמְצֹא... לְהַשְׁלִים... פָּסוּק ז׳

בְּבַקָּשָׁה:

1 **סַמְּנוּ** בְּעַמּוּד 56 בְּצֶבַע וָרֹד אֶת הַמִּלִּים מִן הַשֹּׁרֶשׁ **א-ד-מ**.

2 מִלִּים מִן הַשֹּׁרֶשׁ **א-ד-מ** חוֹזְרוֹת ______ פְּעָמִים.

3 **הַשְׁלִימוּ:** (אָדָם, אֱ-לֹהִים)

בְּפֶרֶק א׳ הַסִּפּוּר הוּא עַל ______.

בְּפֶרֶק ב׳ הַסִּפּוּר הוּא עַל ה׳ אֱ-לֹהִים וְעַל הָ______.

4 אֱ-לֹהִים עָשָׂה אֶת הָאָדָם מִן הָאֲדָמָה.

צִבְעוּ אֶת הָאוֹתִיּוֹת **א**, **ד**, **מ**. הַמִּלָּה הִיא: ______.

5 אֱ-לֹהִים נָתַן לָאָדָם חַיִּים. **כִּתְבוּ** בִּלְשׁוֹן הַתּוֹרָה:

"וַיִּפַּח ______ ______ ______."

6 **הַשְׁלִימוּ:** (אֱ-לֹהִים, אֲדָמָה)

הָאָדָם בָּא מִן הָ______, וֶ______ נָתַן לוֹ חַיִּים.

הָאָדָם בְּגַן הָעֵדֶן

פֶּרֶק ב׳ פְּסוּקִים ח׳–י״ז

ח׳ וַיִּטַּע[1] ה׳ אֱ-לֹהִים גַּן בְּעֵדֶן מִקֶּדֶם,[2]
וַיָּשֶׂם[3] שָׁם אֶת-הָאָדָם אֲשֶׁר יָצָר.

ט׳ וַיַּצְמַח[4] ה׳ אֱ-לֹהִים מִן-הָאֲדָמָה
כָּל-עֵץ נֶחְמָד לְמַרְאֶה[5] וְטוֹב לְמַאֲכָל,[6]
וְעֵץ הַחַיִּים בְּתוֹךְ הַגָּן
וְעֵץ הַדַּעַת[7] טוֹב וָרָע.

. . . . . .

ט״ו וַיִּקַּח[8] ה׳ אֱ-לֹהִים אֶת-הָאָדָם
וַיַּנִּחֵהוּ[9] בְגַן-עֵדֶן לְעָבְדָהּ וּלְשָׁמְרָהּ.[10]

ט״ז וַיְצַו[11] ה׳ אֱ-לֹהִים עַל-הָאָדָם לֵאמֹר:
״מִכֹּל עֵץ-הַגָּן אָכֹל תֹּאכֵל.

י״ז וּמֵעֵץ הַדַּעַת טוֹב וָרָע
לֹא תֹאכַל מִמֶּנּוּ,
כִּי בְּיוֹם אֲכָלְךָ[12] מִמֶּנּוּ מוֹת תָּמוּת.״

---

1 **וַיִּטַּע** (נ-ט-ע): הוּא נָטַע. planted

2 **מִקֶּדֶם:** בַּמִּזְרָח. east of

3 **וַיָּשֶׂם:** הוּא שָׂם.

4 **וַיַּצְמַח** (צ-מ-ח): הוּא הִצְמִיחַ. caused to grow

5 **נֶחְמָד לְמַרְאֶה:** יָפֶה.

6 **לְמַאֲכָל** (א-כ-ל): לֶאֱכֹל.

7 **דַּעַת:** knowledge

8 **וַיִּקַּח** (ל-ק-ח): הוּא לָקַח.

9 **וַיַּנִּחֵהוּ** (נ-ו-ח): הוּא הִנִּיחַ אוֹתוֹ. placed him

10 **לְעָבְדָהּ וּלְשָׁמְרָהּ:** לַעֲבֹד בַּגַּן וְלִשְׁמֹר עַל הַגַּן.

11 **וַיְצַו** (צ-ו-ה): הוּא צִוָּה. commanded

12 **אֲכָלְךָ** (א-כ-ל): תֹּאכַל מִמֶּנּוּ (מִן הָעֵץ).

לִקְרֹא... לִמְצֹא... לְהַשְׁלִים... פְּסוּקִים ח׳-י״ז

בְּבַקָּשָׁה:

1 **סַמְּנוּ** בְּעַמּוּד 58 בְּצֶבַע וָרֹד אֶת הַמִּלָּה "**אָדָם**".

2 הַמִּלָּה "**אָדָם**" חוֹזֶרֶת ______ פְּעָמִים.

3 **כִּתְבוּ** בִּלְשׁוֹן הַתּוֹרָה:

אֱ-לֹהִים שָׂם אֶת הָאָדָם בְּ"______ ______." (פָּסוּק ט״ו)

4 **צַיְּרוּ** אֶת הָעֵצִים בְּגַן עֵדֶן. (פָּסוּק ט׳)

5 **סַמְּנוּ** בְּעַמּוּד 58 בְּצֶבַע יָרֹק אֶת הַמִּלָּה "עֵץ".

הַמִּלָּה "עֵץ" חוֹזֶרֶת ______ פְּעָמִים.

6 **הַשְׁלִימוּ** בִּלְשׁוֹן הַתּוֹרָה:

הָעֵצִים שֶׁאֱ-לֹהִים נָטַע בַּגַּן הֵם:

- "עֵץ נֶחְמָד לְ______ וְטוֹב לְ______."
- "עֵץ הַ______."
- "עֵץ הַ______ טוֹב וָרָע."

7 **הַשְׁלִימוּ:** מֻתָּר | אָסוּר (forbidden)

- עֵץ טוֹב לְמַאֲכָל – ______ לֶאֱכֹל.
- עֵץ הַחַיִּים – ______ לֶאֱכֹל.
- עֵץ הַדַּעַת – ______ לֶאֱכֹל.

8 **הַשְׁלִימוּ** בִּלְשׁוֹנֵנוּ:

מָה יִקְרֶה (will happen) לְאָדָם אִם הוּא יֹאכַל מִפְּרִי הָעֵץ שֶׁאָסוּר לֶאֱכֹל מִמֶּנּוּ?

הוּא ______.

9 אֱ-לֹהִים נָטַע בַּגַּן עֵץ שֶׁאָסוּר לֶאֱכֹל אֶת הַפֵּרוֹת שֶׁלּוֹ...

כִּי אֱ-לֹהִים רָצָה שֶׁהָאָדָם

כִּי אֱ-לֹהִים רָצָה שֶׁהָאָדָם

כִּי אֱ-לֹהִים רָצָה שֶׁהָאָדָם

Illustration by: Udi Taub, Studio Aesthetics, Israel

אִם הָאָדָם יֹאכַל מֵעֵץ הַדַּעַת – מָה הוּא יֵדַע?

10 **גִּזְרוּ** עַמּוּד 63, **בַּחֲרוּ** עִגּוּלִים **וְהַדְבִּיקוּ** אוֹתָם כָּאן.

(forbade)

11 לָמָּה לְדַעְתְּכֶם אָסַר אֱ-לֹהִים עַל הָאָדָם לֶאֱכֹל מֵעֵץ הַדַּעַת?

כִּי ______________________________

כִּי ______________________________

12 **גִּזְרוּ** אֶת הָעַמּוּד, **בַּחֲרוּ** עִגּוּלִים, **וְהַדְבִּיקוּ** אוֹתָם בְּעַמּוּד 62.

(lie)
מַהוּ שֶׁקֶר
וּמַהִי אֱמֶת

לַחְקֹר אֶת הָעוֹלָם

מָתַי אוֹהֲבִים
וּמָתַי שׂוֹנְאִים

מַהוּ מַעֲשֶׂה טוֹב
וּמַהוּ מַעֲשֶׂה רַע

מָה לְהַגִּיד
וּמָה לֹא לְהַגִּיד

לְהַמְצִיא דְּבָרִים
חֲדָשִׁים

____

____

הָאִשָּׁה

פֶּרֶק ב׳ פְּסוּקִים י״ח–כ״ג

י״ח וַיֹּאמֶר ה׳ אֱ-לֹהִים:
״לֹא-טוֹב הֱיוֹת הָאָדָם לְבַדּוֹ,[1]
אֶעֱשֶׂה-לּוֹ עֵזֶר כְּנֶגְדּוֹ.[2]״

. . . . . .

כ״א וַיַּפֵּל[3] ה׳ אֱ-לֹהִים תַּרְדֵּמָה[4] עַל הָאָדָם וַיִּישָׁן,[5]
וַיִּקַּח[6] אַחַת מִצַּלְעֹתָיו...[7]

. . . . . .

כ״ג וַיֹּאמֶר הָאָדָם:
״זֹאת הַפַּעַם עֶצֶם מֵעֲצָמַי[8]
וּבָשָׂר מִבְּשָׂרִי[9]
לְזֹאת יִקָּרֵא:[10] ׳אִשָּׁה׳
כִּי מֵאִישׁ לֻקְחָה[11]-זֹּאת.״

1 **לְבַדּוֹ:** לְבַד. alone
2 **עֵזֶר כְּנֶגְדּוֹ:** בַּת זוּג. an equal helper
3 **וַיַּפֵּל** (נ-פ-ל): (God) cause to fall
4 **תַּרְדֵּמָה:** שֵׁנָה עֲמֻקָּה. deep sleep
5 **וַיִּישָׁן** (י-ש-נ): הוּא יָשַׁן.
6 **וַיִּקַּח** (ל-ק-ח): הוּא לָקַח.
7 **אַחַת מִצַּלְעֹתָיו:** (צֶלַע – rib)
one of his ribs
8 **עֶצֶם מֵעֲצָמַי:**
עֶצֶם אַחַת מִן הָעֲצָמוֹת שֶׁלִּי.
a bone of my bones
9 **וּבָשָׂר מִבְּשָׂרִי:** flesh of my flesh
10 **יִקָּרֵא** (ק-ר-א): shall be called
11 **לֻקֳחָה** (ל-ק-ח): taken

לִקְרֹא... לִמְצֹא... לְהַשְׁלִים... פְּסוּקִים י"ח-כ"ג

בְּבַקָּשָׁה:

1 **סַמְּנוּ** בְּעַמּוּד 65 בְּצֶבַע וָרֹד אֶת הַמִּלָּה "אָדָם".

2 ה' אֱ-לֹהִים אוֹמֵר: "**לֹא-טוֹב הֱיוֹת הָאָדָם לְבַדּוֹ.**"

הוּא עוֹשֶׂה לָאָדָם "__________ __________" (פָּסוּק י"ח)

3 ה' אֱ-לֹהִים יָצַר אֶת הָאִשָּׁה מֵהַ__________ שֶׁלָּקַח מֵאָדָם.

4 **הַשְׁלִימוּ:** (אִשָּׁה, אָדָם)

בַּסִּפּוּר הַזֶּה, בְּפֶרֶק ב': ה' אֱ-לֹהִים בָּרָא קֹדֶם אֶת הַ__________

וְאַחַר כָּךְ אֶת הַ__________.

5 הָאָדָם אוֹמֵר עַל הָאִשָּׁה שֶׁהִיא קְרוֹבָה (close) אֵלָיו מְאֹד.

הוּא אוֹמֵר (פָּסוּק כ"ג):

הָאִשָּׁה הִיא: "**עֶצֶם מִ**__________ **וּבָשָׂר** __________."

"Tree of knowledge", wrought iron gate, 1990. © E. Vega Studios, Apex, USA

"עֵץ הַדַּעַת", שַׁעַר בַּרְזֶל.

פֶּרֶק ג׳

הָאִשָּׁה וְהַנָּחָשׁ

פְּסוּקִים א׳–ה׳

א׳ וְהַנָּחָשׁ[1] הָיָה
עָרוּם מִכֹּל[2] חַיַּת הַשָּׂדֶה
אֲשֶׁר עָשָׂה ה׳ אֱ-לֹהִים.
וַיֹּאמֶר אֶל-הָאִשָּׁה:
"אַף כִּי-אָמַר אֱ-לֹהִים[3]
לֹא תֹאכְלוּ מִכֹּל עֵץ הַגָּן?"

ב׳ וַתֹּאמֶר הָאִשָּׁה אֶל-הַנָּחָשׁ:
"מִפְּרִי עֵץ-הַגָּן נֹאכֵל.

ג׳ וּמִפְּרִי הָעֵץ אֲשֶׁר בְּתוֹךְ[4]-הַגָּן
אָמַר אֱ-לֹהִים:
"לֹא תֹאכְלוּ מִמֶּנּוּ[5]
וְלֹא תִגְּעוּ[6] בּוֹ,
פֶּן-תְּמֻתוּן.[7]"

1 **נָחָשׁ:**

2 **עָרוּם מִכֹּל:** יוֹתֵר עָרוּם.
more clever (shrewd) than

3 **אַף כִּי-אָמַר אֱ-לֹהִים:**
1. הַאִם אֱ-לֹהִים בֶּאֱמֶת אָמַר?
did God really say?
2. אַף עַל פִּי even though

4 **בְּתוֹךְ:** בְּ

5 **מִמֶּנּוּ:** מִן הָעֵץ.

6 **תִגְּעוּ** (נ-ג-ע): you will touch

7 **פֶּן-תְּמֻתוּן** (מ-ו-ת): lest you die

ד׳ וַיֹּאמֶר הַנָּחָשׁ אֶל-הָאִשָּׁה:
"לֹא-מוֹת תְּמֻתוּן.

ה׳ כִּי יֹדֵעַ אֱ-לֹהִים
כִּי בְּיוֹם אֲכָלְכֶם[8] מִמֶּנּוּ
וְנִפְקְחוּ עֵינֵיכֶם,[9]
וִהְיִיתֶם[10] כֵּאֱ-לֹהִים[11] יֹדְעֵי טוֹב וָרָע."[12]

8 **בְּיוֹם אֲכָלְכֶם** (א-כ-ל): בַּיּוֹם שֶׁתֹּאכְלוּ.

9 **וְנִפְקְחוּ עֵינֵיכֶם** (פ-ק-ח): הָעֵינַיִם שֶׁלָּכֶם תִּהְיֶינָה פְּתוּחוֹת.

10 **וִהְיִיתֶם**: אַתֶּם תִּהְיוּ.

11 **כֵּאֱ-לֹהִים**: (כְּ, כֵּ = כְּמוֹ), כְּמוֹ אֱ-לֹהִים.

12 **יֹדְעֵי טוֹב וָרָע** (י-ד-ע): יוֹדְעִים טוֹב וָרָע.

"אָדָם וְחַוָּה", צִיּוּר שֶׁל הַצַּיָּר מַרְק שַׁגַל, 1955

לִקְרֹא... לִמְצֹא... לְהַשְׁלִים... פָּסוּק א'-ה'

בְּבַקָּשָׁה:

1 **הַקִּיפוּ** בְּעַמּוּדִים 68–69 בְּמַעְגָּל שָׁחֹר אֶת הַמִּלָּה "נָחָשׁ".

הַמִּלָּה "נָחָשׁ" חוֹזֶרֶת ______ פְּעָמִים.

2 **הַקִּיפוּ** בְּמַעְגָּל וָרֹד אֶת הַמִּלָּה "אִשָּׁה".

הַמִּלָּה "אִשָּׁה" חוֹזֶרֶת ______ פְּעָמִים.

3 הַדְּמוּיוֹת בַּסִּפּוּר הֵן: הַ______ וְהָ______.

4 מִי מְדַבֵּר אֶל מִי?

בְּפָסוּק א': ______ אֶל ______

בְּפָסוּק ב': הָאִשָּׁה אֶל הַנָּחָשׁ

בְּפָסוּק ג': ______ אֶל ______

בְּפָסוּק ד': ______ אֶל ______

בְּפָסוּק ה': ______ אֶל ______

5 **הַקִּיפוּ** בְּעַמּוּדִים 68–69 בְּמַעְגָּל יָרֹק אֶת הַמִּלִּים "פְּרִי" וְ"עֵץ",

וְצִבְעוּ אֶת הַצִּיּוּרִים.

6 **סַמְּנוּ** בְּצֶבַע כָּחֹל אֶת הַמִּלִּים מִן הַשֹּׁרֶשׁ **א-כ-ל**.

אֱ-לֹהִים מְצַוֶּה עַל הָאָדָם: (פֶּרֶק ב׳ פְּסוּקִים ט״ז-י״ז)

...מִכֹּל עֵץ-הַגָּן אָכֹל תֹּאכֵל.
וּמֵעֵץ הַדַּעַת טוֹב וָרָע
לֹא תֹאכַל מִמֶּנּוּ...

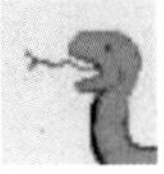

הַנָּחָשׁ אוֹמֵר לָאִשָּׁה: (פֶּרֶק ג׳ פָּסוּק א׳)

אַף כִּי-אָמַר אֱ-לֹהִים
לֹא תֹאכְלוּ מִכֹּל (פְּרִי) עֵץ הַגָּן?

הָאִשָּׁה אוֹמֶרֶת לַנָּחָשׁ: (פֶּרֶק ג׳ פְּסוּקִים ב׳-ג׳)

מִפְּרִי עֵץ-הַגָּן נֹאכֵל.
וּמִפְּרִי הָעֵץ אֲשֶׁר בְּתוֹךְ-הַגָּן
אָמַר אֱ-לֹהִים: ״לֹא תֹאכְלוּ...״

7 **סַמְּנוּ** ✓ לְיַד הַמִּלָּה הַנְּכוֹנָה:

7א. אֱ-לֹהִים אוֹמֵר שֶׁמִּכֹּל עֵץ הַגָּן ☐ מֻתָּר לֶאֱכֹל (permitted) ☐ אָסוּר לֶאֱכֹל (forbidden) .

בִּלְשׁוֹן הַתּוֹרָה: ״________ ________.״ (פֶּרֶק ב׳ פָּסוּק ט״ז)

7ב. אֱ-לֹהִים אוֹמֵר שֶׁמֵּעֵץ הַדַּעַת טוֹב וָרַע ☐ מֻתָּר לֶאֱכֹל (permitted) ☐ אָסוּר לֶאֱכֹל (forbidden) .

בִּלְשׁוֹן הַתּוֹרָה: ״________ ________ **מִמֶּנּוּ**.״ (פֶּרֶק ב׳ פָּסוּק י״ז)

8 **סַמְּנוּ** ✓ לְיַד הַמִּלָּה הַנְּכוֹנָה:

8א. הָאִשָּׁה אוֹמֶרֶת שֶׁמִּפְּרִי הָעֵצִים בַּגַּן ☐ מֻתָּר לֶאֱכֹל (permitted) ☐ אָסוּר לֶאֱכֹל (forbidden) .

בִּלְשׁוֹן הַתּוֹרָה: "____________." (פָּסוּק ב׳)

8ב. הָאִשָּׁה אוֹמֶרֶת שֶׁמִּפְּרִי עֵץ הַדַּעַת ☐ מֻתָּר לֶאֱכֹל (permitted) ☐ אָסוּר לֶאֱכֹל (forbidden) .

בִּלְשׁוֹן הַתּוֹרָה: "__________ __________." (פָּסוּק ג׳)

9 מָה יִקְרֶה לְמִי שֶׁיֹּאכַל? **הַשְׁלִימוּ** בִּלְשׁוֹן הַתּוֹרָה:

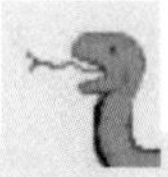

אֱ-לֹהִים אוֹמֵר לָאָדָם:	הָאִשָּׁה אוֹמֶרֶת לַנָּחָשׁ שֶׁאֱ-לֹהִים אָמַר:	הַנָּחָשׁ אוֹמֵר לָאִשָּׁה:
כִּי בְּיוֹם אֲכָלְךָ מִמֶּנּוּ...	**לֹא תֹאכְלוּ מִמֶּנּוּ...**	
________ ________	**פֶּן** ________	**לֹא** ________ ________
(פֶּרֶק ב׳ פָּסוּק י״ז)	(פֶּרֶק ג׳ פָּסוּק ג׳)	(פֶּרֶק ג׳ פָּסוּק ד׳)

10 **הַשְׁלִימוּ:** (טוֹב, אֱ-לֹהִים, רַע)

הַנָּחָשׁ אוֹמֵר שֶׁאִם הָאָדָם וְהָאִשָּׁה יֹאכְלוּ מֵעֵץ הַדַּעַת הֵם יִהְיוּ כְּמוֹ __________ .

(according to)
לְפִי הַנָּחָשׁ, לִהְיוֹת כְּמוֹ אֱ-לֹהִים זֶה לָדַעַת מָה __________ וּמָה __________.

לַחְשֹׁב... לְהָבִין... פְּסוּקִים א׳-ה׳

11 עַל הַנָּחָשׁ כָּתוּב: "__________ מִכֹּל חַיַּת הַשָּׂדֶה."

11א. כֵּיצַד לְדַעְתְּכֶם הִתְנַהֵג הַנָּחָשׁ?

עָרוּם

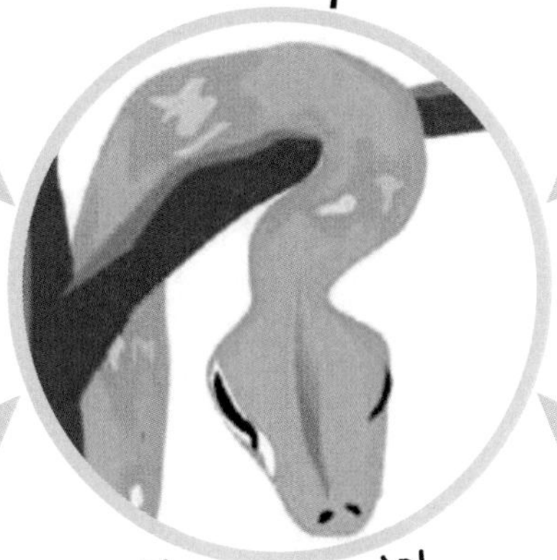

shrewd, sneaky

12 אִלּוּ הָיִיתִי הָאִשָּׁה... **הַשְׁלִימוּ:**

הָיִיתִי אוֹכֶלֶת...

כִּי __________

לֹא הָיִיתִי אוֹכֶלֶת...

כִּי __________

לְמִי שָׁמְעָה הָאִשָּׁה?

פֶּרֶק ג' פְּסוּקִים ו'–ז'

ו' וַתֵּרֶא[1] הָאִשָּׁה
כִּי טוֹב הָעֵץ לְמַאֲכָל
וְכִי תַאֲוָה-הוּא לָעֵינַיִם[2]
וְנֶחְמָד הָעֵץ לְהַשְׂכִּיל[3]
וַתִּקַּח[4] מִפִּרְיוֹ[5]
וַתֹּאכַל,[6]
וַתִּתֵּן[7] גַּם-לְאִישָׁהּ[8] עִמָּהּ
וַיֹּאכַל.[9]

ז' וַתִּפָּקַחְנָה עֵינֵי שְׁנֵיהֶם[10]
וַיֵּדְעוּ כִּי עֵירֻמִּם[11] הֵם
וַיִּתְפְּרוּ[12] עֲלֵה תְאֵנָה
וַיַּעֲשׂוּ לָהֶם חֲגֹרֹת.[13]

1 **וַתֵּרֶא** (ר-א-ה): הִיא רָאֲתָה.
2 **תַאֲוָה-הוּא לָעֵינַיִם:** נִרְאֶה טוֹב. looks good
3 **לְהַשְׂכִּיל** (ש-כ-ל): לִהְיוֹת חָכָם.
4 **וַתִּקַּח:** הִיא לָקְחָה.
5 **מִפִּרְיוֹ:** מִן הַפְּרִי שֶׁלּוֹ.
6 **וַתֹּאכַל:** הִיא אָכְלָה.
7 **וַתִּתֵּן** (נ-ת-נ): הִיא נָתְנָה.
8 **לְאִישָׁהּ:** לָאִישׁ שֶׁלָּהּ.
9 **וַיֹּאכַל** (א-כ-ל): הוּא אָכַל.
10 **וַתִּפָּקַחְנָה עֵינֵי שְׁנֵיהֶם** (פ-ק-ח): נִפְתְּחוּ (were opened) הָעֵינַיִם שֶׁל שְׁנֵיהֶם.
11 **עֵירֻמִּם:** בְּלִי בְּגָדִים.
12 **וַיִּתְפְּרוּ** (ת-פ-ר): הֵם תָּפְרוּ. they sewed
13 **חֲגֹרֹת:** coverings

בְּבַקָּשָׁה:

1 **הַשְׁלִימוּ** בִּלְשׁוֹן הַתּוֹרָה: הָאִשָּׁה אָכְלָה מֵעֵץ הַדַּעַת טוֹב וָרָע.

"כִּי טוֹב ______ ______

וְכִי ______ ______ **לָ**______

וְנֶחְמָד הָעֵץ ______."

2 **כִּתְבוּ** בִּלְשׁוֹנֵנוּ: לָמָּה אָכְלָה הָאִשָּׁה מֵהַפְּרִי שֶׁל הָעֵץ?

כִּי יֵשׁ לוֹ ______ טוֹב.

כִּי יֵשׁ לוֹ ______ טוֹב.

כִּי מִי שֶׁאוֹכֵל מִמֶּנּוּ יִהְיֶה ______.

3 הָאִשָּׁה עָשְׂתָה דָּבָר אָסוּר. **הַשְׁלִימוּ:**

"וַ______ **מִפִּרְיוֹ** וַ______." (פָּסוּק ו׳)

4 גַּם הָאִישׁ עָשָׂה דָּבָר אָסוּר. **הַשְׁלִימוּ:**

"וַ______ **גַּם** לְ______ **עִמָּהּ** וַ______." (פָּסוּק ו׳)

5 **סַמְּנוּ** בְּצֶבַע כָּחֹל אֶת הַמִּלִּים הַדּוֹמוֹת.

הַנָּחָשׁ אָמַר:

לֹא-מוֹת תְּמֻתוּן
(פָּסוּק ד')

כִּי בְּיוֹם אֲכָלְכֶם מִמֶּנּוּ
וְנִפְקְחוּ עֵינֵיכֶם
וִהְיִיתֶם כֵּא-לֹהִים
יֹדְעֵי טוֹב וָרָע
(פָּסוּק ה')

עַל הָאִשָּׁה וְעַל הָאִישׁ כָּתוּב:

וַתִּפָּקַחְנָה עֵינֵי שְׁנֵיהֶם
וַיֵּדְעוּ כִּי עֵירֻמִּם הֵם
(פָּסוּק ז')

6 **סַמְּנוּ** ✓ לְיַד הַמִּלָּה הַנְּכוֹנָה:

עֵינֵיהֶם שֶׁל הָאִשָּׁה וְשֶׁל הָאִישׁ נִפְקְחוּ:

☐ לִפְנֵי ☐ אַחֲרֵי שֶׁאָכְלוּ מֵעֵץ הַדַּעַת.

7 מָה יָדְעוּ הָאִישׁ וְהָאִשָּׁה?

הֵם יָדְעוּ "**כִּי** ______________ **הֵם.**" (פָּסוּק ז')

8 נְסַכֵּם:

חֵלֶק מִמָּה שֶׁאָמַר הַנָּחָשׁ הָיָה אֱמֶת. **הַשְׁלִימוּ:**

הֵם אָכְלוּ וְלֹא ______________ .

עֵינֵיהֶם ______________ .

"Tree of Knowledge", Digital artwork by Robert Fathauer © 2003 Robert Fathauer

"עֵץ הַדַּעַת", צִיּוּר שֶׁל Robert Fathauer. הַצִּיּוּר נַעֲשָׂה בְּעֶזְרַת מַחְשֵׁב.

9 **הַקִּיפוּ** בְּעַמּוּד 74 בְּמַעְגָּל כָּחֹל אֶת הַמִּלִּים הַמַּתְחִילוֹת בְּ"ות".

10 **הַשְׁלִימוּ** בִּלְשׁוֹן הַתּוֹרָה:

בִּלְשׁוֹנֵנוּ	בִּלְשׁוֹן הַתּוֹרָה
הִיא רָאֲתָה	וַתֵּרֶא
הִיא לָקְחָה	______
הִיא אָכְלָה	______
הִיא נָתְנָה	______

11 **צַיְּרוּ:**

הָאִשָּׁה רָאֲתָה

הָאִשָּׁה לָקְחָה

הָאִשָּׁה אָכְלָה

הָאִשָּׁה נָתְנָה

(hesitate about something)

12 גַּם אֲנַחְנוּ לִפְעָמִים מִתְלַבְּטִים.

פַּעַם מִישֶׁהוּ אָמַר לִי לַעֲשׂוֹת דָּבָר שֶׁאָסוּר לַעֲשׂוֹת.

הוּא אָמַר לִי: ____________________

____

אֲנִי הִתְלַבַּטְתִּי וְחָשַׁבְתִּי:

לֹא לַעֲשׂוֹת

כִּי ____________________

____

____

כֵּן לַעֲשׂוֹת

כִּי ____________________

____

____

(my conscience)

הַמַּצְפּוּן שֶׁלִּי אָמַר לִי ____________________

וּבַסּוֹף ____________________

____

(responds)

אֱ-לֹהִים מֵגִיב

פֶּרֶק ג׳ פְּסוּקִים ח׳–י״ג

ח׳ וַיִּשְׁמְעוּ[1] אֶת-קוֹל ה׳ אֱ-לֹהִים
מִתְהַלֵּךְ[2] בַּגָּן, לְרוּחַ הַיּוֹם,
וַיִּתְחַבֵּא[3] הָאָדָם וְאִשְׁתּוֹ מִפְּנֵי ה׳ אֱ-לֹהִים
בְּתוֹךְ עֵץ הַגָּן.

ט׳ וַיִּקְרָא ה׳ אֱ-לֹהִים אֶל-הָאָדָם,
וַיֹּאמֶר לוֹ:
״אַיֶּכָּה?״[4]

י׳ וַיֹּאמֶר:
״אֶת-קֹלְךָ שָׁמַעְתִּי בַּגָּן,
וָאִירָא[5]
כִּי-עֵירֹם[6] אָנֹכִי[7]
וָאֵחָבֵא.״[8]

______ אֶול ______

1 **וַיִּשְׁמְעוּ** (ש-מ-ע)**:** הֵם שָׁמְעוּ.
2 **מִתְהַלֵּךְ** (ה-ל-ך)
3 **וַיִּתְחַבֵּא:** he hid
4 **אַיֶּכָּה?:** אֵיפֹה אַתָּה?
5 **וָאִירָא** (י-ר-א)**:** אֲנִי פָּחַדְתִּי.
6 **עֵירֹם:** בְּלִי בְּגָדִים.
7 **אָנֹכִי:** אֲנִי.
8 **וָאֵחָבֵא:** I hid

____________ כֶּול ____________

י״א וַיֹּאמֶר:
״מִי הִגִּיד[9] לְךָ כִּי עֵירֹם אָתָּה?
הֲמִן[10]-הָעֵץ אֲשֶׁר צִוִּיתִיךָ[11] לְבִלְתִּי[12] אֲכָל-מִמֶּנּוּ, אָכָלְתָּ?״

____________ כֶּול ____________

י״ב וַיֹּאמֶר הָאָדָם:
״הָאִשָּׁה אֲשֶׁר נָתַתָּה עִמָּדִי
הִוא (הִיא) נָתְנָה-לִּי מִן-הָעֵץ וָאֹכֵל.״

____________ כֶּול ____________

י״ג וַיֹּאמֶר ה׳ אֱ-לֹהִים לָאִשָּׁה:
״מַה-זֹּאת עָשִׂית?״

וַתֹּאמֶר הָאִשָּׁה:
״הַנָּחָשׁ הִשִּׁיאַנִי וָאֹכֵל.״

כֶּול ____________

---

9 **הִגִּיד:** הוּא אָמַר.
10 **הֲמִן:** הַאִם מִן...
11 **צִוִּיתִיךָ** (צ-ו-ה): צִוִּיתִי אוֹתְךָ (עָלֶיךָ).
(I commanded you)
12 **לְבִלְתִּי:** לֹא.

לִקְרֹא... לִמְצֹא... לְהַשְׁלִים... פְּסוּקִים ח-י"ג

בְּבַקָּשָׁה:

1 **כִּתְבוּ** בְּעַמּוּדִים 80–81 - מִי אוֹמֵר אֶל מִי. ______ אֶל ______

2 **הַשְׁלִימוּ** בִּלְשׁוֹן הַתּוֹרָה:

(hide)
מִי הִתְחַבֵּא? "______ וְ______."

2א. אֵיפֹה הֵם הִתְחַבְּאוּ?

"______ ______ ______."

3 אֱ-לֹהִים שׁוֹאֵל אֶת אָדָם: "______?"

3א. הָאָדָם מִתְחַבֵּא "כִּי ______ ______." (פָּסוּק י')

4 אֱ-לֹהִים שׁוֹאֵל אֶת אָדָם:

שְׁאֵלָה 1: "מִי ______ ______

כִּי ______ **אָתָּה?**"

שְׁאֵלָה 2: הַאִם אָכַלְתָּ מִן הָעֵץ "**אֲשֶׁר** ______

______ ______ **מִמֶּנּוּ?**" (פָּסוּק י"א)

(blames)

5 הָאָדָם מַאֲשִׁים אֶת אֱ-לֹהִים:

"**הָאִשָּׁה** ______ ______ ______."

(blames)

5א. הָאָדָם מַאֲשִׁים אֶת הָאִשָּׁה:

"**הוּא** (הִיא) ______ ______

______ ______ **וָאֹכֵל.**" (פָּסוּק י"ב)

(blames)

5ב. הָאִשָּׁה מַאֲשִׁימָה אֶת הַנָּחָשׁ:

"______ ______ ______." (פָּסוּק י"ג)

6 **נְסַכֵּם:**

הָאָדָם מַאֲשִׁים אֶת ______ / ______ וְהָאִשָּׁה מַאֲשִׁימָה אֶת ______

לַחְשֹׁב... לְהָבִין... פְּסוּקִים ח׳-י״ג

(hides)

7 לָמָּה הָאָדָם מְפַחֵד וּמִתְחַבֵּא? **בַּחֲרוּ וְסַמְּנוּ** ✓

כִּי הוּא יוֹדֵעַ שֶׁעָשָׂה מַעֲשֶׂה שֶׁאָסוּר לַעֲשׂוֹת.	☐	He knows he did something he wasn't supposed to do.
כִּי הוּא מְפַחֵד שֶׁאֱ-לֹהִים יִכְעַס.	☐	He is afraid God will be angry.
כִּי הוּא מְפַחֵד מֵעֹנֶשׁ.	☐	He is afraid of being punished.
כִּי הוּא מַרְגִּישׁ שֶׁהוּא אִכְזֵב אֶת אֱ-לֹהִים	☐	He feels that he disappointed God.
כִּי הוּא מִתְבַּיֵּשׁ לִהְיוֹת בְּלִי בְּגָדִים.	☐	He is embarrassed that he's naked.
כִּי הוּא ______		

8 מַדּוּעַ אֱ-לֹהִים מְדַבֵּר עִם הָאָדָם וְלֹא עִם הָאִשָּׁה?

כִּי ______

כִּי ______

9 מָה דַּעְתְּכֶם עַל מָה שֶׁעָשׂוּ הַנָּחָשׁ, הָאִשָּׁה וְהָאָדָם?

הַנָּחָשׁ

הָאִשָּׁה

הָאָדָם

מָה קוֹרֶה לַנָּחָשׁ, לָאִשָּׁה, לָאָדָם?

פֶּרֶק ג׳ פְּסוּקִים י״ד–כ׳

י״ד וַיֹּאמֶר ה׳ אֱ-לֹהִים אֶל-הַנָּחָשׁ:
"כִּי עָשִׂיתָ זֹּאת
אָרוּר[1] אַתָּה מִכָּל-הַבְּהֵמָה
וּמִכֹּל חַיַּת הַשָּׂדֶה,
עַל-גְּחֹנְךָ[2] תֵלֵךְ
וְעָפָר[3] תֹּאכַל כָּל-יְמֵי חַיֶּיךָ."

. . . .

ט״ז אֶל-הָאִשָּׁה אָמַר:
"הַרְבָּה אַרְבֶּה עִצְּבוֹנֵךְ[4] וְהֵרֹנֵךְ[5]
בְּעֶצֶב[6] תֵּלְדִי בָנִים...

י״ז וּלְאָדָם אָמַר:
"כִּי-שָׁמַעְתָּ לְקוֹל אִשְׁתֶּךָ[7]
וַתֹּאכַל מִן-הָעֵץ
אֲשֶׁר צִוִּיתִיךָ[8] לֵאמֹר 'לֹא תֹאכַל מִמֶּנּוּ',
אֲרוּרָה[9] הָאֲדָמָה בַּעֲבוּרֶךָ[10]
בְּעִצָּבוֹן תֹּאכְלֶנָּה כֹּל יְמֵי חַיֶּיךָ.

1 **אָרוּר:** cursed
2 **גְּחֹנְךָ:** הַבֶּטֶן שֶׁלְּךָ.
3 **עָפָר:** dust
4 **עִצְּבוֹנֵךְ** (ע-צ-ב): הָעֶצֶב שֶׁלָּךְ (הַכְּאֵב שֶׁלָּךְ).
5 **וְהֵרֹנֵךְ:** כַּאֲשֶׁר אַתְּ בְּהֵרָיוֹן.
when you are pregnant
6 **בְּעֶצֶב:** בִּכְאֵב.
7 **אִשְׁתֶּךָ:** הָאִשָּׁה שֶׁלְּךָ.
8 **צִוִּיתִיךָ** (צ-ו-ה): צִוִּיתִי אוֹתְךָ (עָלֶיךָ).
9 **אֲרוּרָה:** cursed
10 **בַּעֲבוּרֶךָ:** בִּגְלָלְךָ.

י״ח וְקוֹץ וְדַרְדַּר תַּצְמִיחַ לָךְ,[11]
וְאָכַלְתָּ אֶת-עֵשֶׂב הַשָּׂדֶה.

י״ט בְּזֵעַת אַפֶּיךָ[12] תֹּאכַל לֶחֶם
עַד שׁוּבְךָ[13] אֶל-הָאֲדָמָה...
כִּי-עָפָר אַתָּה וְאֶל-עָפָר תָּשׁוּב.״

כ׳ וַיִּקְרָא הָאָדָם שֵׁם אִשְׁתּוֹ ״חַוָּה״
כִּי הוּא (הִיא) הָיְתָה אֵם כָּל-חָי.

[11] **קוֹץ וְדַרְדַּר תַּצְמִיחַ לָךְ:** it will grow thorns for you

[12] **בְּזֵעַת אַפֶּיךָ:** by the sweat of your brow

[13] **עַד שׁוּבְךָ:** until you return

לִקְרֹא... לִמְצֹא... לְהַשְׁלִים... פְּסוּקִים י"ד-כ'

בְּבַקָּשָׁה:

1 **הַשְׁלִימוּ:** (לָאִשָּׁה, לַנָּחָשׁ, לָאָדָם)

הַפָּסוּק:	**לְמִי נֶאֱמַר?**
בְּזֵעַת אַפֶּיךָ תֹּאכַל לֶחֶם	________
עַל-גְּחֹנְךָ תֵלֵךְ וְעָפָר תֹּאכַל	________
בְּעֶצֶב תֵּלְדִי בָנִים	________

2 **הַשְׁלִימוּ:**

הַפְּסוּקִים הֵם:	**עַל מִי נֶאֱמַר?**
פְּסוּקִים י"ד - ט"ו	עַל ________
פָּסוּק ________	עַל **הָאִשָּׁה**
פְּסוּקִים ________	עַל **אָדָם**

3 **סַמְּנוּ** בְּצֶבַע כָּחֹל אֶת הַמִּלִּים הַחוֹזְרוֹת.

עַל **בְּרִיאַת הָאָדָם** כָּתוּב:

וַיִּיצֶר ה' אֱ-לֹהִים אֶת-הָאָדָם,
עָפָר מִן-הָאֲדָמָה...
(פֶּרֶק ב' פָּסוּק ז')

עַל **מוֹת הָאָדָם** כָּתוּב:

...עַד שׁוּבְךָ אֶל-הָאֲדָמָה...
כִּי-עָפָר אַתָּה וְאֶל-עָפָר תָּשׁוּב.
(פֶּרֶק ג' פָּסוּק י"ט)

3א. **הַשְׁלִימוּ:**

הָאָדָם נִבְרָא מִן ____________ וְהָאָדָם חוֹזֵר אֶל ____________

"כִּי ____________ אַתָּה וְאֶל ____________ תָּשׁוּב."

4 **צַיְּרוּ:**

עַל-גְּחֹנְךָ תֵלֵךְ וְעָפָר תֹּאכַל

...קוֹץ וְדַרְדַּר תַּצְמִיחַ לָךְ

בְּזֵעַת אַפֶּיךָ תֹּאכַל לֶחֶם

עֵץ הַחַיִּים

פֶּרֶק ג׳ פְּסוּקִים כ״ב–כ״ג

כ״ב וַיֹּאמֶר ה׳ אֱ-לֹהִים:
״הֵן הָאָדָם הָיָה כְּאַחַד מִמֶּנּוּ[1]
לָדַעַת טוֹב וָרָע,
וְעַתָּה[2] פֶּן[3]-יִשְׁלַח יָדוֹ[4]
וְלָקַח גַּם מֵעֵץ הַחַיִּים
וְאָכַל
וָחַי לְעֹלָם.״[5]

כ״ג וַיְשַׁלְּחֵהוּ[6] ה׳ אֱ-לֹהִים מִגַּן-עֵדֶן
לַעֲבֹד אֶת-הָאֲדָמָה...

1 **כְּאַחַד מִמֶּנּוּ:** כָּמוֹנִי, דּוֹמֶה לִי.
2 **וְעַתָּה:** עַכְשָׁו.
3 **פֶּן:** lest
4 **יָדוֹ:** הַיָּד שֶׁלּוֹ.
5 **לְעֹלָם:** forever
6 **וַיְשַׁלְּחֵהוּ** (ש-ל-ח): הוּא שָׁלַח אוֹתוֹ.

בְּבַקָּשָׁה:

1 אֱ-לֹהִים נָטַע בַּגַּן 3 מִינִים (kinds) שֶׁל עֵצִים.

סַמְּנוּ כָּל מִין בְּצֶבַע אַחֵר.

כָּל-עֵץ נֶחְמָד לְמַרְאֶה וְטוֹב לְמַאֲכָל

וְעֵץ הַחַיִּים בְּתוֹךְ הַגָּן

וְעֵץ הַדַּעַת טוֹב וָרָע.

(פֶּרֶק ב' פָּסוּק ט')

2 **הַשְׁלִימוּ** בִּלְשׁוֹן הַתּוֹרָה: (פֶּרֶק ג' פָּסוּק כ"ב)

הָאָדָם אָכַל מֵעֵץ הַדַּעַת וְהוּא הָיָה

"כְּ ______ ______ ______ **טוֹב וָרָע.**"

אֱ-לֹהִים אוֹמֵר, שֶׁאִם הָאָדָם יֹאכַל מֵעֵץ הַחַיִּים

"וְ______ וָ______ ______"

3 מָה עוֹשֶׂה אֱ-לֹהִים כְּדֵי שֶׁהָאָדָם **לֹא** יֹאכַל מֵעֵץ הַחַיִּים?

"______ **ה' אֱ-לֹהִים מִגַּן-עֵדֶן...**"

(nature of)

מָה לוֹמְדִים מִסִּפּוּר גַּן עֵדֶן עַל טֶבַע הָאָדָם ?

Check all the ones with which you agree.

(temptation)

1 לִפְעָמִים קָשֶׁה לַעֲמֹד בַּפִּתּוּי. ☐

(guilty)

2 קָשֶׁה לְהַגִּיד "אֲנִי אָשֵׁם".
קַל לְהַאֲשִׁים אֲחֵרִים. ☐

(mortal)

3 הָאָדָם הוּא בֶּן תְּמוּתָה. ☐

4 הָאָדָם דּוֹמֶה לֶאֱ-לֹהִים.
הָאָדָם הוּא גַּם שׁוֹנֶה מֵאֱ-לֹהִים. ☐

5 הָאָדָם צָרִיךְ לִבְחֹר
בֵּין לַעֲשׂוֹת מָה שֶׁאֱ-לֹהִים אוֹמֵר
לְבֵין לֹא לַעֲשׂוֹת מָה שֶׁאֱ-לֹהִים אוֹמֵר. ☐

הַמִּשְׁפָּט שֶׁהֲכִי מוֹצֵא חֵן בְּעֵינַי הוּא: ______________________

____

מָה לוֹמְדִים מִסִּפּוּר גַּן עֵדֶן עַל אֱ-לֹהִים ?

1 אֱ-לֹהִים בָּרָא אֶת הָאָדָם.

2 (like God)
אֱ-לֹהִים רוֹצֶה שֶׁהָאָדָם יִהְיֶה כָּמוֹהוּ,
(exactly)
אֲבָל לֹא בְּדִיּוּק כָּמוֹהוּ.

3 (to hide)
אִי אֶפְשָׁר לְהִסְתַּתֵּר
מִפְּנֵי אֱ-לֹהִים.

4 (cares)
לֶאֱ-לֹהִים אִכְפַּת מִן הָאָדָם.

5 (the top)
הָאָדָם הוּא הַשִּׂיא
שֶׁל הַבְּרִיאָה.

הַמִּשְׁפָּט שֶׁהֲכִי מוֹצֵא חֵן בְּעֵינַי הוּא: ______________________________

____

What do we learn about the nature of humans?

Check all the ones with which you agree.

1 Sometimes, it is hard to resist temptation. ☐

2 It is hard to blame ourselves. It is easy to blame others. ☐

3 People are mortal. Eventually, everyone dies. ☐

4 People are like God in some ways, and different from God in other ways. ☐

5 People need to choose between doing what God says, and not doing what God says. ☐

הַמִּשְׁפָּט שֶׁהֲכִי מוֹצֵא חֵן בְּעֵינַי הוּא: ______________________________

____

What do we learn about God?

1 God created humanity. ☐

2 God wants humans to be like God, but not EXACTLY like God. ☐

3 It is impossible to hide from God. ☐

4 God cares about people. ☐

5 People are the top of God's creation. ☐

הַמִּשְׁפָּט שֶׁהֲכִי מוֹצֵא חֵן בְּעֵינַי הוּא: ______

______